Bildrechte in Lehre, Wissenschaft und Kultur

AF145183

Christian W. Eggers

Bildrechte in Lehre, Wissenschaft und Kultur

Bilder rechtssicher in der
Wissensvermittlung publizieren

 Springer

Christian W. Eggers
Gettorf, Schleswig-Holstein, Deutschland

ISBN 978-3-658-39312-0   ISBN 978-3-658-39313-7   (eBook)
https://doi.org/10.1007/978-3-658-39313-7

Die Deutsche Nationalbibliothek verzeichnet diese Publikation in der Deutschen Nationalbibliografie; detaillierte bibliografische Daten sind im Internet über http://dnb.d-nb.de abrufbar.

Planung/Lektorat: Rolf-Guenther Hobbeling
Springer ist ein Imprint der eingetragenen Gesellschaft Springer Fachmedien Wiesbaden GmbH und ist ein Teil von Springer Nature.
Die Anschrift der Gesellschaft ist: Abraham-Lincoln-Str. 46, 65189 Wiesbaden, Germany

Vorwort

Mit diesem Buch möchte ich den im Bereich der Wissenschaft, Lehre und Kultur Publizierenden einen Überblick über die Rahmenbedingungen und speziellen Regelungen dieser Bereiche bei der Nutzung von Videos, Grafiken und Fotos vermitteln.

Das Urheberrechts-Wissensgesellschafts-Gesetz (UrhWissG) zur Angleichung des Urheberrechts an die Wissensgesellschaft sowie die jüngste Reform des Urheberrechts aus dem Jahr 2021 haben insbesondere den Anforderungen der digitalen Wissensvermittlung und Kommunikation der Museen, Hochschulen, Bibliotheken und Forschungseinrichtungen Rechnung getragen. Damit verbunden ist die Ausweitung der Sozialbindung des Urheberrechts in den vorwiegend nicht kommerziellen Bereichen. So bestehen inzwischen zahlreiche Ausnahmeregelungen zur sonst notwendigen Zustimmung der Rechteinhaber zur Nutzung fremder Inhalte.

Ein Schwerpunkt dieses Buches liegt in der Wandlung der Perspektive vom Nutzenden zum Gebenden. Damit soll dem Umstand Rechnung getragen werden, dass Einrichtungen der Lehre, Wissenschaft und Kultur ein großes Interesse an der Verkehrsfähigkeit ihrer Werke haben und Lizenzgeber sind. In diesem Zusammenhang ist das

Stichwort „Open Content" bedeutsam. Es geht darum Erkenntnisse und kulturelle Inhalte einer breiten Masse möglichst vergütungsfrei und ohne urheberrechtliche Restriktionen nutzbar zu machen.

Im Bereich der Öffentlichkeitsarbeit gelten mit dem neuen Urheberrechts-Diensteanbieter-Gesetz (UrhDaG) bei der Nutzung sozialer Netzwerke erweiterte Spielräume zur rechtskonformen Nutzung fremder Inhalte. Bei der Presse- und Öffentlichkeitsarbeit über kommerzielle soziale Medien können nicht nur Privatpersonen und private Unternehmen, sondern auch Hochschulen, Forschungsinstitute, Bibliotheken und Museen profitieren.

Ein weiterer ausführlicher Abschnitt dieses Buches befasst sich mit der Anfertigung, Veröffentlichung und Archivierung von Personenfotos im besonderen Zusammenhang mit den Publikationen zur Lehre, Wissenschaft sowie zur Wahrung des Kulturerbes. Hierbei geht es nicht um urheberrechtliche Fragen, sondern um den Interessenausgleich zwischen dem Recht auf informationelle Selbstbestimmung sowie dem „Recht am Bild" einerseits und den Interessen der im Dienst der Wissenschaft, Lehre und Kultur Publizierenden andererseits.

Den Abschluss dieses Buches bildet ein Überblick zu den gewerblichen Schutzrechten. Der Schutz von Marken und Produktgestaltungen wird im Bildrecht dann bedeutsam, wenn Fotos, Grafiken und Videos fremde Produkte und Marken zeigen. Beschrieben wird, wie ein rechtskonformer Interessenausgleich zwischen der Meinungs- und Kunstfreiheit der Publizierenden und den wirtschaftlichen Interessen der Anbieter von Dienstleistungen und Produkten zu suchen ist.

Kiel, Deutschland   Christian W. Eggers
im Mai 2022

Inhaltsverzeichnis

Über den Autor

Christian W. Eggers ist Fotoredakteur, freiberuflicher Dozent für Medienrecht, zertifizierte Fachkraft für Datenschutz sowie Autor des Ratgeberbuches „Quick Guide Bildrechte" und „Quick Guide Social-Media-Recht der öffentlichen Verwaltung". Das Schulungsangebot von Christian W. Eggers ist auf die Fortbildung von Fach- und Führungs-kräften in der Unternehmenskommunikation, der behördlichen Öffentlichkeitsarbeit und der Presseverlage ausgerichtet.

Abbildungsverzeichnis

1

Wegweiser der urheberrechtlichen Lizenzprüfung und Grundbegriffe

Was Sie aus diesem Kapitel mitnehmen

Die in diesem ersten Kapitel verwendete Grafik soll Ihnen als Kompass in der Praxis der Prüfung Ihrer urheberrechtlichen Berechtigungen zur Publikation fremder Inhalte den richtigen Weg der Fragestellungen und deren Beantwortung weisen. Sie erhalten anhand des Prüfungsschemas in vier Schritten einen Überblick über die abzufragenden Berechtigungen bei der Publikation von Fotos, Grafiken und Videos. Unter den einzelnen Schritten wird auf die Abschnitte verwiesen, die vertiefend auf die jeweilige Fragestellung eingehen.
Dieses Kapitel dient dem Grundverständnis zum Urheberrecht.

* Sie erhalten einen Überblick über fundamentale Rechtsgrundsätze im Urheberrecht,
* Sie erfahren, welche Beziehung der Urheber zu seinem Werk hat und
* wie die Nutzung eines Werkes durch den Urheber selbst sowie durch weitere Rechteinhaber oder auch kraft Gesetz ausgestaltet sein kann.

Die Abbildung „Urheberrechtliche Lizenz für Fotografien, Videos und Grafiken in vier Schritten prüfen" Abb. 1.1 ist die zentrale Darstellung zur Lizenzprüfung. Einfach gesagt: Die Abbildung führt Sie bei der

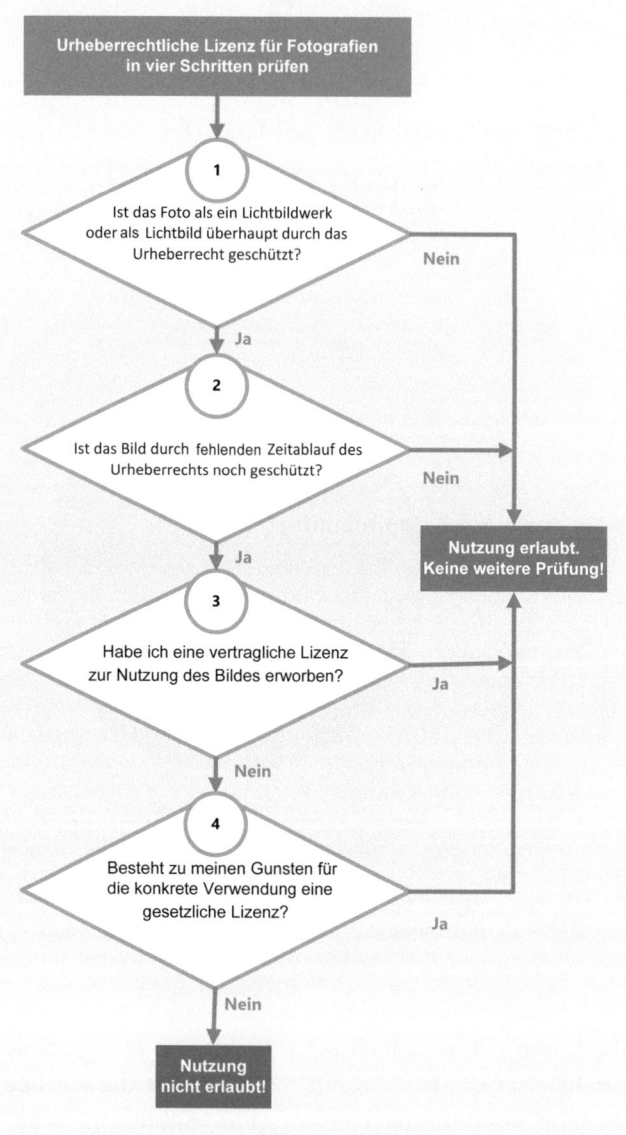

Abb. 1.1 Die Abbildung zeigt, wie Sie vor einer Veröffentlichung von Fotos, Videos und Grafiken urheberrechtliche Lizenzen in vier Schritten prüfen

Beantwortung der Frage „Darf ich das Bild veröffentlichen?" mit einem einfachen Ja-Nein-Schema zu einem Ergebnis in der praktischen Arbeit.

1.1 Prüfungsschema zur praktischen Arbeit mit diesem Buch – die vier Schritte der urheberrechtlichen Lizenzprüfung im Überblick

Die zentrale Frage für Nutzende fremder Grafiken, Videos und Fotografien besteht darin, ob man zur Publikation berechtigt ist. Im Blick ist damit die Frage, ob überhaupt eine Lizenz notwendig ist und wenn ja, auf welcher Regelung im konkreten Fall diese bestehen kann.

Bei der Abfrage der vier Prüfungspunkte mittels des Prüfungsschemas zur urheberrechtlichen Lizenz Abb. 1.1 können Sie, je nach Ihrem Kenntnisstand, die notwendigen Informationen zur Beantwortung und zu den Begriffen mit den hier eingefügten Verweisen unter den einzelnen Schritten nachlesen.

Damit dient dieses Kapitel insbesondere zur Erleichterung Ihrer Praxis durch eine schnelle Orientierung, die durch das Nachschlagen der Verweise vertiefende Informationen ermöglicht.

Beispiel zur Arbeit mit dem Prüfungsschema

Sie sind im Prüfungsschritt 3 „Habe ich eine vertragliche Lizenz zur Publikation der Darstellung erworben?" und Sie sind sich nicht sicher, ob ein unter Public Domain im Internet veröffentlichtes Foto eine vertragliche Lizenz zur Bildnutzung zu Ihren Gunsten darstellt. Im Abschnitt Schritt 3 „Habe ich eine vertragliche Lizenz zur Publikation der Darstellung erworben?", finden Sie einen Verweis auf den Abschn. 2.3, der Ihnen die Frage zum Begriff „Public Domain" beantwortet. Sie können nachschlagen, ob mit dem Begriff eine vertragliche Lizenz zur vergütungsfreien Nutzung gemeint ist oder ob es sich bei der Bezeichnung um ein „gemeinfreies" Bild mit abgelaufener Schutzfrist handelt.

1.1.1 Schritt 1 – Unterliegt die zu publizierende Darstellung dem Urheberrecht?

Damit ein Video, eine Grafik oder eine Fotografie überhaupt durch das Urheberrecht geschützt sein kann, muss es Werkqualität nach den Anforderungen des Urheberrechtsgesetzes aufweisen. Das Urheberrecht stellt nur geringe Anforderungen an das Einsetzen des Schutzes (Abschn. 1.3.1).

1.1.2 Schritt 2 – Ist die Darstellung inzwischen durch Zeitablauf „gemeinfrei" geworden?

Für urheberrechtlich geschützte Leistungen bestehen Schutzfristen. Ist ein im Urheberrechtsgesetz vorgesehener Schutzzeitraum abgelaufen, ist das Urheberrecht an der Leistung erloschen. Das bedeutet, dass jedermann das fremde Werk oder die werkähnliche Leistung ohne gesetzliche Restriktionen und individuelle Absprachen nach Belieben nutzen kann (Abschn. 2.1).

1.1.3 Schritt 3 – Habe ich eine vertragliche Lizenz zur Publikation der Darstellung erworben?

Unter Erwerb einer vertraglichen Lizenz ist eine Absprache zwischen Rechteinhaber und Nutzenden über die Bedingungen der Verbreitung eines Werkes oder einer werkähnlichen Leistung zu verstehen. Diese Absprachen können individuell verhandelt sein, bei Fotoagenturen in der Gestalt von allgemeinen Geschäftsbedingungen bestehen und auch ganz ohne einen direkten Kontakt mit den Rechteinhabern zustande kommen. Letzteres z. B. durch die Nutzung einer Darstellung, die als „Open Content" mit einer Creative-Commons-Lizenz gekennzeichnet ist (Abschn. 5.3).

1.1.4 Schritt 4 – Besteht eine gesetzliche Lizenz zu meinen Gunsten, die fremde Darstellung zu publizieren?

Das Urheberrecht sieht zu Gunsten der vom Gesetzgeber für die „Wissensgesellschaft" als förderungswürdige Nutzungshandlungen erkannten Verwendungen auch Publikationen ohne die Zustimmung der Rechteinhaber vor. Sind in einem Einzelfall die gesetzlichen Voraussetzungen zur „ungefragten" Nutzung erfüllt, werden diese gesetzliche Erlaubnisse zur Nutzung fremder urheberrechtlich geschützter Werke und Leistungen als gesetzliche Lizenz bezeichnet (siehe Abschn. 3.2).

> **Ihr Transfer in die Praxis bei der Arbeit mit dem Prüfungsschema**
>
> Das in diesem Kapitel gezeigte Prüfungsschema dient dem Lizenznehmer zur ersten Orientierung. Nicht erfasst ist die Perspektive des Lizenzgebers (hierzu Abschn. 5.3.1). Wie immer kann ein Schema eine Sicherheit bieten, um die kritischen Punkte bei der Nutzung von fremden Inhalten aufzufinden. Der Teufel steckt jedoch meist im Detail: In der Praxis begegnen dem Nutzenden häufig unerwartete individuelle Fallkonstellationen, auf die sich in der Eile des Berufsalltags nicht schnell eine eindeutige Antwort finden lässt. Auch wenn sich der Autor dieses Buches bemüht, möglichst viele in der Praxis bestehende Konstellationen zu beschreiben, sollte in Zweifelsfällen vor einer Publikation der Rechtsrat durch die Fachanwaltschaft eingeholt werden.

1.2 Lizenzen, Lizenzgeber und Lizenznehmer

Sobald fremde Grafiken, Videos und Fotos veröffentlicht werden sollen, taucht bei den Bildnutzern die Frage nach ihrer Berechtigung hierzu auf. Berechtigungen zur Nutzung immaterieller Güter werden Lizenzen genannt. Im Urheberrecht können Lizenzen aufgrund von Vereinbarungen aber auch aufgrund von gesetzlichen Regelungen zum Urheberrecht bestehen.

Daher ist es sinnvoll, von vertraglichen Lizenzen zu sprechen, wenn zwischen Bildnutzer und Bildrechteinhaber eine Vereinbarung über das Ob und Wie der Nutzung besteht. Erlaubt das Urheberrecht ausnahmsweise und ausdrücklich die Nutzung ohne eine Zustimmung der Rechteinhaber, kann diese Berechtigung als gesetzliche Lizenz bezeichnet werden. Nutzer fremder Bilder sind somit Lizenznehmer, Bildrechteinhaber können Lizenzgeber sein.

Beispiel vertragliche Lizenz und gesetzliche Lizenz

Vertragliche Lizenz: Historikerin H schreibt eine wissenschaftliche Arbeit über den Mauerfall. Im Archiv einer Fotoagentur findet sie ein Foto aus der Nacht der Grenzöffnung in Berlin, welches sie gerne zur Illustration in ihrer Arbeit veröffentlichen möchte. H handelt mit der Fotoagentur Nutzungsumfang und Vergütung aus. Zwischen H und der Fotoagentur besteht jetzt eine vertragliche Lizenz über die Nutzung des Mauerfallbildes. Diese Lizenz ist auch dann gültig, wenn sie lediglich mündlich vereinbart ist.

Gesetzliche Lizenz: Doktorand D schreibt seine Dissertation über historische Musikinstrumente. In der Datenbank einer Musikhochschule findet D ein aktuelles Foto zur Bauweise der Decke einer Stradivari-Geige. Mit diesem Foto möchte D seine Gedanken und Erkenntnisse über die Beeinflussung des Klanges durch die bestimmte Bauweise, die im Foto deutlich wird, belegen.

In diesem Fall könnte D sich auf das urheberrechtliche Zitatrecht berufen und das Bild ungefragt für seine Arbeit verwenden. Eine solche Ausnahmeregelung vom Grundsatz der urheberrechtlichen Zustimmung wird gesetzliche Lizenz genannt. An die Nutzung von Abbildungen auf der Grundlage des Zitatrechts hat der Gesetzgeber Bedingungen geknüpft. So z. B., dass die Urheberschaft und die Quelle des zitierten Bildes anzugeben sind. Die Voraussetzungen und der Umfang der Nutzung werden hier also nicht durch Absprachen zwischen Lizenzgebern und Lizenznehmern geregelt, sondern durch das Gesetz. In diesem Beispiel durch die Regelungen des § 51 Urheberrechtsgesetz, welche ausdrücklich auch Bildzitate einschließen.

Beispiel Lizenznehmer und Lizenzgeber

Doktorand H möchte seine Arbeit über historische Musikinstrumente mit einem Foto der Wiener Philharmoniker illustrieren. Da das Foto lediglich zur Ausschmückung seines Textes dient, kann H sich nicht auf das Zitatrecht berufen. H benötigt demnach eine vertragliche Lizenz mit den Rechteinhabern des bei einer Fotoagentur ausgesuchten Konzertfotos. Lizenzgeber kann die Fotoagentur dann sein, wenn die Urheberin Fotografin F die Bildagentur mit der Vermarktung ihres Konzertfotos beauftragt hat.

1.3   Vertragliche und gesetzliche Lizenzen zur Nutzung fremder Bilder

Voraussetzung des Bestehens urheberrechtlicher Beziehungen zwischen Nutzern und „Erschaffern" ist, dass es sich um ein Werk oder um eine werkähnliche Leistung im Sinne des Urheberrechtsgesetzes(UrhG) handelt, welches von einer natürlichen Person[1] geschaffen wurde. Einfach gesagt: Wo keine Urheberschaft besteht, muss das Urheberrecht draußen bleiben.

Ausnahmslose Voraussetzung für den Anwendungsbereich des Urheberrechts ist daher zunächst das Vorhandensein mindestens einer natürlichen Peron als Rechtsträger der Urheberschaft, die ein schutzwürdiges Werk im Sinne des UrhG geschaffen hat. Liegen diese Voraussetzungen vor, entsteht Urheberschaft kraft Gesetzes ganz „automatisch". Es bedarf zur Begründung der Urheberschaft keiner weiteren Handlungen. Ebenso kann eine Leistung dann auch **nicht rechtswirksam** als urheberrechtlich geschützt deklariert werden (etwas durch Copyright-Hinweise), wenn die Leistung kein Werk darstellt oder sie nicht in den Katalog vergleichbar geschützter Leistungsschutzrechte des UrhG aufgenommen ist.

1.3.1   Schutz der individuellen geistigen Leistung als Werk

Ob tatsächlich ein geschütztes Werk vorliegt, beurteilt sich stets im Einzelfall einer konkreten Leistung. Beurteilungskriterium ist die sogenannte „Schöpfungshöhe" oder auch „Gestaltungshöhe". Ist die geistige Leistung durch die Persönlichkeit des Autors geprägt, wie etwa ein Roman mit verwobenen Handlungssträngen, bestehen keine Zweifel an der Werkqualität kraft individueller Gestaltung.

---

[1] Eine natürliche Person ist ein Mensch. Körperschaften, wie eine GmbH oder eine Universität, werden als juristische Personen bezeichnet.

Schwieriger wird die Beurteilung dann, wenn einfache Alltagserzeugnisse, wie etwa ein Foto von einer Sehenswürdigkeit, welches von einem durch den Reiseveranstalter ausgesuchten und immer gleichen Standort angefertigt wurde. Hier mangelt es meist an einer geistig, individuellen Leistung, so dass derartige Fotos in der Regel nicht als ein Werk (wohl aber als weniger geschützte „Lichtbilder", siehe Abschn. 2.1.2) angesehen werden können.

Beispiel zur Entstehung der Urheberschaft und zur Schöpfungshöhe

Keine ausreichende Schöpfungshöhe: Malermeister M stolpert über ein Elektrokabel. Dabei ergießen sich aus den Töpfen mit den Farben Blau, Grau und Orange sich mischende Töne auf eine Maler-Abdeckpappe. Auszubildende A ist begeistert und betitelt das Malheur als „Sonnenuntergang über dem Wattenmeer". Selbstverständlich wird das Handy gezückt und der kleine Unfall auf „Instagram" gepostet. Malermeister M ist empört und untersagt A die Veröffentlichung mit Hinweis auf sein Urheberrecht an dem abfotografierten „Werk".

M kann sich jedoch nicht auf das Urheberrecht berufen, da seine „Werkgestaltung" nicht das Ergebnis einer geistigen Leistung ist. Mit dem Farbunfall entsteht keine geistige Schöpfung im Sinne des Urheberrechtsgesetzes. Ein schutzwürdiges Werk besteht erst mit dem Erreichen der sogenannten Schöpfungshöhe.

Geringe Schöpfungshöhe – Leistungsschutzrecht: Biologieprofessorin B benötigt für einen Vortrag Bilder vom Wachstumsstadium eines Seesterns. Dazu legt sie verschiedene Exemplare auf einen Labortisch neben einen Zollstock und fotografiert. Die so entstandenen Fotos weisen nur eine geringe gestalterische Leistung auf. Derart dokumentarische Fotos können jedoch als eine urheberrechtsähnliche Leistung (ein „verwandtes" Schutzrecht) geschützt sein. Das bedeutet, dass zur Nutzung dieser Fotos durch Fremde entweder eine vertragliche oder eine gesetzliche Lizenz erforderlich ist.

Volle Schöpfungshöhe: Studentin S fotografiert während einer archäologischen Exkursion eine Ausgrabungsstätte. Dabei wartet sie auf den richtigen Sonnenstand für eine Abendstimmung und sie setzt ein Teleobjektiv zur Unscharfgestaltung von Vorder- und Hintergrund ein. Das so entstandene Foto ist das Ergebnis einer geistigen Auseinandersetzung mit dem Motiv. Das Bild erreicht die für den vollen urheberrechtlichen Schutz als Werk die nötige Schöpfungshöhe. Möchte ein Fremder das Bild verwenden, bedarf es entweder einer aus einem Vertrag abgeleiteten Lizenz oder aber einer aus dem Urheberrecht bestehenden gesetzlichen Lizenz.

1.3.2 Leistungsschutzrechte

Um bei dem obigen Beispiel zu bleiben: Das „Knipsfoto" einer Sehenswürdigkeit erreicht mangels eines Schaffensprozesses, der durch Individualität des Autors geprägt ist, keine Werkqualität. Jedoch will das Urheberrecht auch Leistungen schützen, die keine individuelle kreative Leistung enthalten, aber eine Ähnlichkeit hierzu aufweisen (siehe obiges Beispiele zur geringen Schöpfungshöhe). So erklärt sich die Unterscheidung in Lichtbildwerk als „Schöpfung" und Lichtbild als eine ähnliche Leistung (§ 72 UrhG).

Für die Praxis ist diese Unterscheidung u. a. bedeutsam, da das Urheberrecht an Lichtbildwerken 70 Jahre nach dem Tode erlischt (§ 64 UrhG) und bei Lichtbildern die Schutzdauer bereits nach 50 Jahren nach erstmaligen rechtmäßigen Erscheinen des Lichtbilds abgelaufen ist (siehe Abschnitt „Gemeinfreiheit" Abschn. 2.1). Auch bei der ungerechtfertigten Nutzung und den daraus entstehenden Schadensersatzansprüchen ergeben sich zwischen Lichtbildwerken und einfachen Lichtbildern Unterschiede zur Höhe des Lizenzschadens.

1.3.3 Inhalte aus Datenbanken

Unabhängig von bestehenden Urheber- und Leistungsschutzrechten können Inhalte nur allein dadurch geschützt sein, dass sie Bestandteil einer Datenbank sind. Hierbei geht es nicht um die Interessen von Urhebern, sondern um das Interesse des Datenbankbetreibers. Geschützt sind nicht die Daten selbst, sondern deren systematische Zusammenstellung und Verknüpfung. Der Datenbankbetreiber soll davor geschützt werden, dass seine Datenbank oder wesentliche Teile der Inhalte von Fremden ohne Zustimmung übernommen werden. Damit werden insbesondere die Investitionen von Organisationen (Unternehmen, Forschungseinrichtungen, Universitäten) in den Aufbau und Betrieb ihrer Datenbanken geschützt.

Dieses führt dazu, dass selbst dann, wenn die Inhalte gemeinfrei sind, das Datenbankherstellerrecht der Nutzung der Inhalte entgegenstehen kann.

Beispiel zur Nutzung von Datenbankinhalten

Militärhistoriker M benötigt für eine umfangreiche Dokumentation des Ersten Weltkrieges historische Fotos. In einer Datenbank eines zeitgeschichtlichen Institutes findet M die gesuchten Fotos. Obwohl das Urheberrecht durch Zeitablauf erloschen ist, stellt sich für M die Frage, ob er zahlreiche Fotos ohne Zustimmung des Institutes kopieren und publizieren kann.

1.4   Wer urheberrechtliche Lizenzen vergeben kann

Lizenzen können nur dann gemäß dem Urheberrecht vergeben werden, wenn im Sinne des Urheberrechts ein Werk oder eine werkähnliche Leistung vorliegt.

Zunächst schützt das Urheberrecht nach § 2 Abs. 1 Urheberrechtsgesetz „Werke der Literatur, Wissenschaft und Kunst". Die Aufzählung ist nicht abschließend. Selbst eine Landkarte kann als Grafik ein Werk im Sinne des UrhG sein. Aber auch dann, wenn kein Werk im Sinne des UrhG vorliegt, kann ein sogenanntes „Leistungsschutzrecht" vorliegen.

Weiter steht am Anfang der Lizenzvergabe immer ein Mensch als Schöpfer. Das bedeutet, dass nach diesem urheberrechtlichen Grundsatz niemals eine Körperschaft, etwa eine Aktiengesellschaft oder eine staatliche Hochschule Urheber eines Werkes sein kann. Körperschaften (juristische Personen) können aber Inhaber von weitreichenden Nutzungsrechten an den Werken ihrer Mitarbeitenden erlangen. Auch hier entweder durch Vertrag (etwa durch einen Arbeitsvertrag, der die Einräumung von Nutzungsrechten an den Werken der Mitarbeitenden regelt) oder durch das Gesetz. Die Stellung kann auch juristischen Personen, obwohl sie nicht „Schöpfer" sind, das Recht zur Lizenzvergabe ermöglichen (siehe auch Abschn. 5.3.2.1 bei der Vergabe von Open-Content-Lizenzen).

1.4.1 Schöpfer kann nur eine natürliche Person sein

Ein Unternehmen oder eine Organisation wie z. B. eine Hochschule als Körperschaft des öffentlichen Rechts kann niemals Urheber sein, sondern lediglich Nutzungsrechte an Werken kraft Gesetz oder durch Vertrag von kreativen Personen („Menschen") als Rechtsträger der Urheberschaft erwerben.

In diesem Zusammenhang taucht die Frage auf, ob und wem die Urheberschaft an durch künstliche Intelligenz geschaffenen Leistungen zustehen kann. „Das Urheberrecht ist ein personenbezogenes Schutzrecht. Es gilt nur für persönliche geistige Schöpfungen eines Menschen. Weder fallen rein technische Gestaltungen noch solche von Tieren unter das Urheberrecht" (Kreutzer, 2021).Arbeitet die künstliche Intelligenz gänzlich autonom, z. B. bei der Erstellung eines Textes, ist die Leistung kein Werk im Sinne des UrhG. Wird der Output der künstlichen Intelligenz nur als Grundlage für eine weitere Bearbeitung durch Menschen genutzt, kann das Endergebnis grundsätzlich auch Urheberschaft im Sinne des UrhG aufweisen.

Anders als bei der Urheberschaft können Unternehmen und Organisationen Rechteinhaber von sogenannten Leistungsschutzrechten sein. Hierbei geht es um Leistungen, die „der schöpferischen Leistung des Urhebers ähnlich sind oder in Zusammenhang mit den Werken der Urheber erbracht werden".[2]

> „Entsprechend ihrer Ausrichtung an der Leistung richten sich verwandte Schutzrechte in Abgrenzung hierzu regelmäßig auch an juristische Personen, da ein wirtschaftlicher Beitrag zur Leistungserstellung regelmäßig durch Unternehmen geleistet wird. Besonders deutlich wird dies schon nach dem Gesetzeswortlaut beim Schutz des Veranstalters (§ 81 UrhG) oder des Sendeunternehmens (§ 87 UrhG), die sich (auch) an Unternehmen richten."[3]

---

[2] Deutscher Bundestag Drucksache IV/270; Gesetzentwurf der Bundesregierung vom 23. März 1962, 33 f.

[3] a. a. O.

> **Beispiel zum Erwerb von Leistungsschutzrechten eine Hochschule**
> Eine Musikhochschule nimmt die Werke von Studierenden auf Tonträger auf. Zum Jubiläum der Hochschule wird eine CD zum Kauf angeboten. Die Tonträgeraufnahmen genießen ein Leistungsschutzrecht nach § 85 UrhG. Die Hochschule ist selber Rechtsträger des Schutzrechtes und kann gegen das Kopieren und Veröffentlichen durch Nichtberechtigte vorgehen.

1.4.2 Welche Leistungen schützt das Urheberrecht?

Zunächst schützt das Urheberrecht nach § 2 Abs. 1 Urheberrechtsgesetz „Werke der Literatur, Wissenschaft und Kunst". Die Aufzählung ist nicht abschließend. Selbst eine einfache Landkarte oder ein Lageplan kann als Grafik ein Werk im Sinne des UrhG sein. Aber auch dann, wenn kein Werk im Sinne des UrhG vorliegt, kann ein sogenanntes „Leistungsschutzrecht" vorliegen und es bedarf zur Nutzung grundsätzlich (abgesehen von gesetzlichen Ausnahmen) der Zustimmung der Rechteinhaber des Leistungsschutzrechts.

1.5   Möglichkeiten des Lizenzerwerbs

Mit dem Begriff Lizenzerwerb wird zunächst der vertragliche „Einkauf" von Nutzungsrechten beschrieben. Daneben gibt es im Urheberrecht eine Vielzahl von gesetzlichen Lizenzen (siehe Abb. 1.2), bei denen eine Absprache zwischen Rechteinhaber und Nutzenden nicht erforderlich ist. Der Lizenzerwerb wird hier nicht durch eine Zustimmung der Rechteinhaber begründet, sondern durch das Vorliegen der im UrhG bestimmten Ausnahmeregelungen der gesetzlichen Lizenzen.

Nachfolgend werden die wichtigsten vertraglichen Lizenztypen und die gesetzlichen Lizenzen im Überblick dargestellt.

1.5.1 Modelle des vertraglichen Lizenzerwerbs

Trotz zahlreicher rechtlicher Beschränkungen und Vorgaben besteht im Urheberrecht grundsätzlich Vertragsfreiheit. So haben sich mit dem

Kommerzielle Lizenzen der Fotografen und Fotoagenturen	Honorarfreie und vorgefertigte vertragliche Lizenzen
• Rights Managed Lizenzen der Bildagenturen • Royality Free Lizenzen der Bildagenturen • Mischformen der beiden Lizenzmodelle inzwischen üblich (AGB beachten!) • Fotoaufträge: Die Privatautonomie erlaubt einen Spielraum zur Gestaltung der Nutzungsrechteeinräumungen • Halbkommerzielle „Campus-Lizenzen" (z. B. Abonnement des Bundesarchives - Fotonutzung ab 29 Euro monatlicher „Gebühr" für Bildungseinrichtungen)	• Community Bilddatenbanken wie pixabay mit eigenen Bedingungen (AGB) • Offene Bildungsmaterialien (OER = Open Educational Resources) anderer Bildungseinrichtungen, meist mit Creative Commons Lizenzen • Wikimedia Commons vorgefertigte Lizenzen, meist Creative Commons • Pressematerial „Hand-outs" nur nach Angaben der Pressestelle nutzbar. Auf den Veröffentlichungszusammenhang besonders achten. • „Public Domain" = Verzicht des Urhebers auf die Ausübung seiner Rechte durch Erklärung

Abb. 1.2 Die Abbildung zeigt gängige vertragliche Lizenzmodelle verschiedener Bildanbieter

steigenden Konsum digitaler Bilddaten unterschiedliche Verkaufsmodelle entwickelt, die das Urheberrechtsgesetz nicht benennt. Es liegt auf der Hand, dass der Wettbewerb und das Marketing der großen Bildanbieter zu gerade abenteuerlichen Nutzungsbedingungen führen. Dennoch lassen sich diese Lizenzmodelle als allgemeine Geschäftsbedingungen (AGB) meist mit der Rechtsordnung vereinbaren.

Nachfolgend werden die wichtigsten kommerziellen Lizenzmodelle (siehe auch linke Spalte der Abb. 1.2 vorgestellt).

1.5.1.1 Rights-Managed-Lizenzen der Bildagenturen

Die sogenannten Rights-Managed-Lizenzen kommen dem europäischen Urheberrecht am nächsten. Denn sie basieren auf der Einräumung von partikularen Nutzungsrechten. So werden mit diesen Lizenzen stets nur Teilnutzungen in Art und Umfang eingeräumt. Beispielsweise wird häufig die Nutzung für Internetveröffentlichungen gesondert und zu einer höheren Vergütung eingeräumt als die Nutzung für einen gedruckten Prospekt.

1.5.1.2 Royality-Free-Lizenzen der Bildagenturen

Ein ursprünglich amerikanisches Lizenzmodell für Stock-Fotos stellen die sogenannten Royality-Free-Lizenzen dar. Vereinfacht und zugespitzt gesagt bedeutet diese Lizenz „einmal bezahlen und dann mit dem Bild machen, was man will". Diese Lizenzen werden von den Bildanbietern mit dem Begriff „lizenzfrei" beworben. Gemeint ist damit nicht, dass keine Vergütung erfolgen muss und auch keine sonstige vertragliche Bindung zur Bildnutzung besteht. Vielmehr soll durch den Begriff „lizenzfrei" die Unkompliziertheit des Lizenzerwerbes gegenüber den Rights-Managed-Lizenzen herausgestellt werden.

1.5.1.3 Mischformen der beiden Lizenzmodelle der Bildagenturen

Die zuvor beschriebenen beiden Lizenzmodelle werden seit den letzten Jahren zunehmend miteinander kombiniert. Dieses führt bei den Bildnutzern meist zu erheblichen Rechtsunsicherheiten, über das, was ihnen der Bildanbieter an Verwendungen gestattet. Es hilft nichts: Das genaue Studieren der allgemeinen Geschäftsbedingungen der unterschiedlichsten Bildanbieter bleibt nicht erspart.

1.5.1.4 Lizenzerwerb bei Fotoaufträgen

Werden Fotografinnen und Fotografen beauftragt, vollzieht sich der Lizenzerwerb als gesonderter Vorgang neben dem Werkvertrag mit dem Auftraggeber. Im Wege der Privatautonomie können die Parteien frei aushandeln, welche Arten von Nutzungen zu welchen Vergütungen an den Werken eingeräumt werden. Grenzen findet diese Privatautonomie durch Regelungen des Urheberrechtsgesetzes zu Gunsten der schöpferisch Tätigen. So haben beispielsweise Fotografinnen und Fotografen einen Anspruch auf angemessene Vergütung (§ 32 UrhG). Dieser Anspruch kann nicht vertraglich ausgeschlossen werden.

1.5.1.5 Lizenzererb in Beschäftigungsverhältnissen

Regelmäßig taucht die Frage auf, ob Einrichtungen der Kultur, Lehre, Wissenschaft und Forschung befugt sind, die von ihren Mitarbeitenden erstellten Werke, wie etwa einen wissenschaftlichen Beitrag, zu verwerten. Zur Verwertung befugt ist zunächst der Urheber als Rechteinhaber und erst dann ein Inhaber von Nutzungsrechten. So können etwa Universitäten Werke ihrer Mitarbeitenden unter offene Lizenzen nur dann stellen, wenn sie die ausschließlichen Nutzungsrechte an den Werken ihrer Beschäftigten erworben haben. Ob dieses der Fall ist, hängt entscheidend von arbeitsvertraglichen Regelungen zwischen Institutionen und Kreativen ab.

Sind keine Regelungen getroffen, hängt die Beantwortung von der tatsächlichen Ausgestaltung der Tätigkeit des Kreativen für die jeweilige Institution ab. Beispielsweise unproblematisch sind die Arbeiten einer weisungsgebundenen Grafikerin im Angestelltenverhältnis einer Universität. Der Universität als Körperschaft des öffentlichen Rechts stehen die ausschließlichen Nutzungsrechte der in Erfüllung der dienstlichen Verpflichtungen entstandenen Werke zu. Die Grafikerin ist und bleibt die Urheberin, der Arbeitgeber darf „exklusiv" verwerten.

Eine Ausnahme bilden im Falle der Universitäten die Tätigkeiten der Hochschullehrerinnen und -lehrer. Sie sind in der Regel allein berechtigt über die Nutzung ihrer Werke zu entscheiden. Will also die Hochschule beispielsweise eine Forschungsarbeit unter offener Lizenz oder durch einen Verlag veröffentlichen, bedarf es hierzu der ausdrücklichen Zustimmung der Lehrenden. Der Grund dafür liegt in der besonderen Stellung der Hochschullehrer, die sich auf ihr Recht der Freiheit von Forschung und Lehre berufen können.

Wie ist die Rechtslage, wenn Studierende im Rahmen des Studiums Werke erstellen? Auch sie haben als Autoren die alleinigen Rechte an ihren Studienarbeiten. Will eine Universität diese Arbeiten z. B. über die Website der Hochschule der breiten Öffentlichkeit zugänglich machen, bedarf es hierfür der Zustimmung der Studierenden. Ebenso begründet eine freiberufliche Tätigkeit eines Dienstleisters nicht „automatisch" die Inhaberschaft von exklusiven Nutzungsrechten zu Gunsten der Universität.

1.5.1.6 Halbkommerzielle Lizenzen

Mit halbkommerziellen Lizenzen sind hier die Lizenzen gemeint, die bestimmten Bildungseinrichtungen zu Gute kommen sollen. Ein Beispiel bilden die Lizenzen des Bundesarchives, die Fotonutzungen gegen eine geringe monatliche Gebühr einräumen. Insbesondere Bildungseinrichtungen, die sich mit historischen und politischen Ereignissen befassen, können von dem Bildbestand des Bundesarchives profitieren.

1.5.1.7 Community Bilddatenbanken

Unter Community Bilddatenbanken sind Fotoportale zu verstehen, die Hobbyfotografen und Fotografinnen die Möglichkeit bieten, ihre Fotografien und Grafiken einer breiten Öffentlichkeit zum Download und zur Verwertung zur Verfügung zu stellen. Beispiele für derartige Portale sind „Flickr" und „Pixabay". Die Nutzungsbedingungen für die Bildverwendungen werden zumeist durch den Portalbetreiber mittels Allgemeiner Geschäftsbedingungen (AGB) bestimmt. Auch hier gilt es die AGB hinsichtlich des Lizenzumfanges vor der Veröffentlichung der vergütungsfreien Fotos genau zu studieren. Beispielsweise verbot „Pixabay" die kommerzielle Nutzung der dort eingestellten Fotos und Grafiken. Wie so oft, herrscht Verwirrung über den Begriff „kommerziell". Dieses Verbot ist vor einem besonderen Hintergrund zu verstehen: Der Portalbetreiber kann damit (zusätzlich über den Schutz der Datenbank (siehe Abschn. 1.3.3) verhindern, dass die Portalangebote durch kostenpflichtige Weiterlizenzierungen seitens der Bildnutzer zu Geld gemacht werden.

1.5.1.8 Offene Bildungsmaterialien

Offene Bildungsmaterialien werden zumeist von öffentlich-rechtlichen Institutionen zur Verfügung gestellt. Aber auch kommerzielle Verlage bieten zunehmend „offenes Material" zur Leserbindung und aus Imagegründen an. Begriffe für diese Lizenzen sind häufig auch „Open Access", „Open Content" und „Open Education Resources". Zusammenfassend kann man über diese Lizenzen sagen, dass sie die Werknutzungen sehr weitgehend erlauben und dabei dem Nutzer nur wenige Pflichten und Einschränkungen auferlegen. Damit besteht bei derartig gering geschütztem Material die Möglichkeit einer hohen Verbreitung unter einfachen Bedingungen.

Eine der wichtigsten „Open-Content-Lizenzen", unter der Open Content zur Verfügung gestellt wird, bilden die vorgefertigten Lizenzen der NGO „Creative Commons". Ausführlich hierzu Abschn. 5.3.

1.5.1.9 Wikimedia Commons

Wikimedia Commons sind die Lizenzen, die die freie Internet-Enzyklopädie „Wikipedia" für ihre Mediendateien zur Verfügung stellt. Dabei hat es der Einstellende beispielsweise über Creative-Commons-Lizenzen in der Hand, in welchem Umfang er die Weiternutzung der eingestellten Werke erlaubt. Vor der Nutzung einer Wikimedia Datei ist auf jeden Fall in jedem einzelnen Fall der Lizenzumfang zu prüfen.

1.5.1.10 Pressematerial „Hand-outs"

Unternehmen, öffentliche Einrichtungen und NGOs stellen regelmäßig im Zusammenhang mit ihren Pressemitteilungen Grafiken und Fotos honorarfrei möglichen Multiplikatoren wie etwa Fachzeitschriften und der Tagespresse als Service zur Verfügung. Das so erlangte Material darf zumeist nur im Zusammenhang mit der Berichterstattung über den Inhalt der Pressemitteilung verwendet werden. Die Lizenz ist somit eng an den Veröffentlichungskontext gebunden.

1.5.1.11 „Public Domain"

Unter „Public Domain" ist eine vertragliche Lizenz zu verstehen. Nicht zu verwechseln ist die Kennzeichnung eines Bildes als „Public Domain" mit der Gemeinfreiheit durch zeitlichen Ablauf des Urheberrechtes. Vielmehr ist es so, dass urheberrechtlich geschützte Werke von den Rechteinhabern vollständig ohne irgendwelche Auflagen zur Verwertung überlassen werden. Im Unterschied zu Creative-Commons-Lizenzen bedarf es für die Wirksamkeit der Public Domain Lizenz auch keiner Verlinkung auf irgendwelche vorgefertigten Lizenzbedingungen. Public Domain bedeutet, dass die Rechteinhaber erklären, auf jegliche Ausübung der durch das Urheberrecht gewährten Rechte zu verzichten. Sogar auf die Geltungmachung von Urheberrechtspersönlichkeitsrechten wie Namensnennung und „Verunstaltungsverbot". De facto ist das Bild „gemeinfrei" durch die Zusicherung des Rechtsverzichtes zur Verwechselung mit dem Begriff „Gemeinfreiheit" (siehe Abschn. 2.3).

Da Publizierende schnell mit den Begriffen der Lizenzen durcheinanderkommen, ist in der Praxis zu hinterfragen, ob das unter „Public Domain" publizierte Werk tatsächlich, so wie oben mit allen Konsequenzen beschrieben, in die Öffentlichkeit entlassen werden soll.

1.5.1.12 Die kollektiven Lizenzen der Verwertungsgesellschaften

Kollektiv ist eine Lizenz zunächst dann, wenn sie im Rahmen des Zusammenschlusses von Urhebern zu einer Verwertungsgesellschaft durch die Gesellschaft für bestimmte Werkkategorien (z. B. Bilder und Texte) erteilt wird. Einzelne Rechte einzelner Urheber und Urheberinnen werden also „kollektiv" verwaltet. Das ist nichts Neues. So z. B. ist die kollektive Lizenz im Rahmen der Lizenzierung von Pressespiegeln (siehe Abschn. 3.2.7) eine gängige Praxis.

1.5.1.13 Die kollektiven Lizenzen mit erweiterter Wirkung der Verwertungsgesellschaften

Mit der letzten Urheberrechtsreform, die am 7. Juni 2021 in Kraft getreten ist, haben die Verwertungsgesellschaften neue und ausgedehnte

Möglichkeiten als Vertragspartner bei der Vergabe von Nutzungsrechten aufzutreten. Zu diesen neuen Möglichkeiten zählt der § 51
Verwertungsgesellschaftengesetz (VGG). Es geht um die vertragliche
Vergabe „kollektiver Lizenzen mit erweiterter Wirkung". Was bedeutet
dieses für Bildnutzer?

Mit der Einführung von kollektiven Lizenzen mit **erweiterter
Wirkung** ist es den Verwertungsgesellschaften nunmehr möglich Werknutzern umfassende Lizenzen durch Vertragsabschluss zu verschaffen.
Es können dabei auch die Werke von Personen, die nicht durch die
Gesellschaft vertreten werden, lizenziert werden. Die Lizenz ist auch
um diesen Personenkreis von Nichtmitgliedern („Außenstehende")
erweitert. Überspitzt gesagt, stellt dieses überraschende Konstrukt
eine „vertragliche Zwangslizenzierung" der Rechte von Urheberinnen
und Urhebern, die nicht durch einen Wahrnehmungsvertrag an Verwertungsgesellschaften gebunden sind, dar.

Sinn und Zweck dieser tief in die Privatautonomie eingreifenden
Regelung ist der Erhalt des Kulturerbes. Kulturellen Einrichtungen
soll es möglich sein zu „geringen Transaktionskosten" fremde Werke zu
vervielfältigen und öffentlich zugänglich machen zu können. Gedacht
ist insbesondere an Internetveröffentlichungen. Mit „geringen Transaktionskosten" sind nicht Honorare gemeint, sondern die Kosten, die
durch eine Rechteklärung entstehen.

Der Anwendungsbereich dieser Regelungen (§§ 51 bis 52e VGG)
ist jedoch nicht uferlos, sondern an den gesetzgeberischen Zweck zur
Wahrung des Kulturerbes gebunden.

**Beispiel zur Anwendung einer kollektiven Lizenz mit erweiterter
Wirkung**

Eine Stiftung zur militärgeschichtlichen Forschung hat für eine über Jahr-
zehnte andauernde Vortragsserie diverse Fotos und Grafiken erworben.
Nun möchte die Einrichtung die gesammelten Vorträge über ihre Website
der Öffentlichkeit zugänglich machen. Die Redaktion der Einrichtung würde
jetzt in monatelanger Kleinarbeit individuelle Absprachen mit den einzelnen
Rechteinhabern treffen müssen. Über die Verwertungsgesellschaften kann
die Einrichtung nach der neuen Regelung nicht nur die Bilder und Grafiken
der von der Gesellschaft vertretenen Personen für ihr Vorhaben erwerben,
sondern auch die Nutzungsrechte an den Werken von Außenstehenden, die
Bilder, Grafiken und Texte für die Vortragsserie geliefert haben.

1.5.2 Vom Gesetzgeber definierte Lizenzen

Für die Wissensgesellschaft, also für Forschung, Lehre, Bildung und Kultur haben gesetzliche Lizenzen eine herausragende Stellung. Gesetzliche Lizenzen erlauben kraft Urheberrechtsgesetz die Verwendung geschützter Werke und Leistungen ohne die Zustimmung der jeweiligen Rechteinhaber.

Im Gegensatz zu den vertraglichen Lizenzen sind die Nutzungsumfänge sozusagen unverhandelbar in einzelnen Paragrafen festgeschrieben.

Eine Übersicht über die wichtigsten gesetzlichen Lizenzen zur Nutzung fremder Medien finden Sie in der Abb. 3.2. Die Beschreibung und Vertiefung der gesetzlichen Lizenzen beinhalteten Abschn. 3.2 und Kap. 6.

1.6 Der Lizenzumfang und die Lizenzketten

Eine Eigenheit des europäischen Urheberrechts ist es, dass Urheber vertragliche Nutzungsrechte an ihren Werken nach Art und Umfang frei bis in das kleinste Detail gestalten können. Gleichsam den Krümeln einer Torte steht es den Urhebern frei, die Nutzungen an ihren Werken in kleinsten und allerkleinsten Teilen wiederum nur für partielle Nutzungsarten zu lizenzieren. Daher ist es von besonderer Bedeutung, dass Erwerber den Umfang der Berechtigungen, den Lizenzumfang, erkennen und verstehen können. Weiter taucht beim Lizenzerwerb häufig die Frage auf, ob der Umfang der Berechtigung dem Erwerber die Weitergabe an Dritte erlaubt.

1.6.1 Lizenzumfang

Urhebern und Urheberinnen steht es frei mit Nutzern Verträge, die Lizenzen, zu gestalten. Die Reichweite einer Lizenz wird Lizenzumfang genannt. Das Urheberrecht ermöglicht es Urheberinnen und Urhebern sehr weitreichend Nutzungsbedingungen zu bestimmen.

Beispiel zum Lizenzumfang

Fotodesignerin F hat sich auf kunstvolle Food-Fotografie spezialisiert. Nutzungsrechte an ihren Werken kann sie an eine Vielzahl von Nutzern vergeben. So erlaubt F dem Unternehmen A eines ihrer Werke nur auf der Website für zwei Jahre wiedergeben zu dürfen. Dem Unternehmen B erlaubt F eines ihrer Werke nur in einer gedruckten Broschüre mit einer Auflage von 5000 Stück einmalig zu veröffentlichen.

F kann aber auch dem Unternehmen C das alleinige Nutzungsrecht für jede Art der Verwendung zeitlich und räumlich unbegrenzt einräumen. Hier handelt es sich dann um die Einräumung sehr weitreichender, „exklusiver" Nutzungsrechte an dem bestimmten Werk. Möglich ist auch, dass F ein exklusives Nutzungsrecht nur für eine bestimmte Art der Nutzung, wie z. B. zur Veröffentlichung auf einer Website, einräumt. Exklusiv bedeutet also nicht automatisch „exklusiv für jede Art der Verwendung".

Theoretisch ist es sogar möglich, dass eine Urheberin einem Nutzer das Recht zur Wiedergabe des Werkes nur auf einer bestimmten Papiersorte einräumt.

Diese freie Gestaltung der Lizenzen ermöglicht es den Urhebern, ihre enge Beziehung als schöpferische individuelle Persönlichkeit zu ihren Werken zu erhalten und dennoch über Vergütungen ihrer Leistungen zu einem Auskommen zu gelangen. Genau das hat der Gesetzgeber des Urheberrechts gewollt.

1.6.2 Lizenzketten

Eine weitere Besonderheit des Urheberrechts besteht darin, dass nicht nur Urheber und Urheberinnen Bildnutzungen einräumen können. Lizenzgeber kann auch ein Unternehmen oder eine Hochschule sein, die zuvor vom Urheber zur Lizenzvergabe berechtigt wurde. Damit entstehen sogenannte Lizenzketten. Diese sind notwendig, damit ein Werk möglichst verkehrsfähig ist. Das Recht zur Unter- und Weiterlizenzierung durch Lizenznehmer wird zumeist vom Urheber vertraglich und ausdrücklich eingeräumt. Das Recht zur Unterlizenzierung weiterer Nutzer kann aber auch als rechtliche Folge aus der Vergabe exklusiver Nutzungsrechte für den Lizenznehmer exklusiver Rechte entstehen.

Beispiel einer Lizenzkette

Hochschullehrer H überlässt der Presseabteilung eine von ihm erstellte Karte über den Sauerstoffgehalt der deutschen Küstengewässer. Die Presseabteilung verbreitet das Bild über Twitter im Rahmen ihrer Öffentlichkeitsarbeit. Die Kette besteht jetzt folgendermaßen: H als Urheber räumt der Pressestelle und damit der Universität ein Nutzungsrecht zur Verwendung der Karte im Rahmen der Öffentlichkeitsarbeit ein. Die zweite Lizenz zugunsten des sozialen Netzwerkes Twitter entsteht durch das Hochladen des Werkes von H durch die Pressestelle der Universität. Diese ist dazu von H berechtigt worden, da H die Grafik ja gerade zur Nutzung in der Öffentlichkeitsarbeit überlassen hat. Die dritte Lizenz vergibt jetzt Twitter an Twitter-Account-Inhaber. Die Account-Inhaber dürfen das Werk von H jetzt im Rahmen der allgemeinen Geschäftsbedingungen und der von Twitter zur Verfügung gestellten Interaktionsmöglichkeiten nutzen.

Am obigen Beispiel einer Lizenzkette sowie mit der Abb. 1.3 wird deutlich, dass diese nur dann wirksam besteht, wenn die einzelnen „Kettenglieder" rechtswirksam zur Weiterlizenzierung berechtigt sind. Am Anfang steht also immer die Urheberschaft einer natürlichen Person. Was hat diese Person ursprünglich erlaubt und halten sich die weiteren Nutzer bei der Unter- bzw. Weiterlizenzierung an diese Abmachung?

Ihr Transfer in die Praxis zur Überprüfung von Lizenzketten

In der Praxis erweist es sich als umständlich und hürdenreich, eine längere Lizenzkette überprüfen zu können. Meist sind vorangegangene Nutzungsvereinbarungen nicht einzusehen. Da der unberechtigte Nutzer zumindest als Störer in Anspruch genommen werden kann, wenn auch nur ein Glied der Lizenzkette „gerissen" ist, muss hier Nutzen und Schadensrisiko der „unsicheren" Bildnutzung abgewogen werden.

Heikel können auch Bildangebote in sogenannten Community-Datenbanken wie etwa „Pixabay" sein. Hier können Account-Inhaber mehr oder weniger ungeprüft ihr und leider auch fremdes Bildmaterial zum Download für jedermann einstellen. Damit Ihnen kein Kuckucksei in das Nest gelegt wird, können Sie nur schauen, ob der Einstellende vertrauenswürdig ist. Dieses lässt sich an der Zeitspanne des Bestehens des Accounts und an einer einheitlichen Bildsprache des Bildautors erkennen.

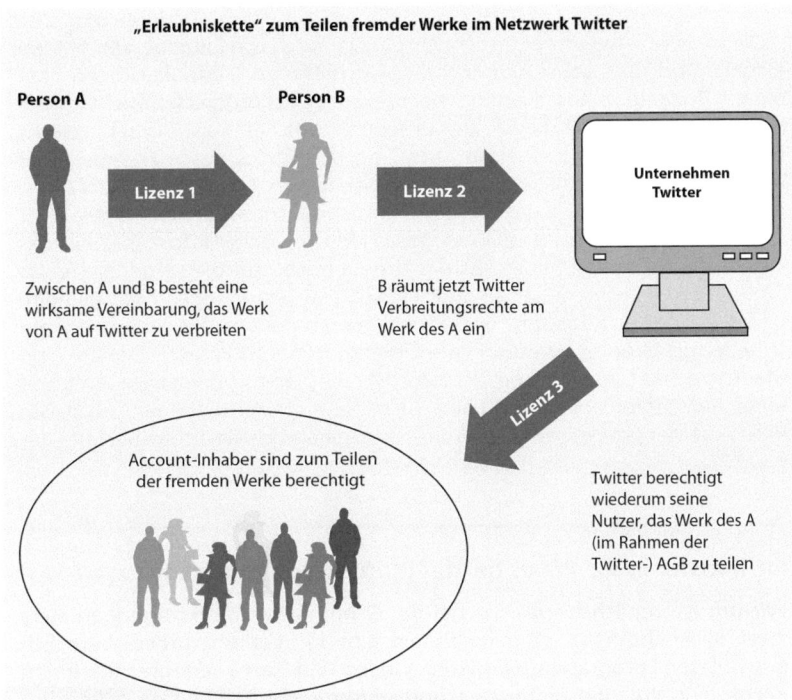

Abb. 1.3 Die Abbildung zeigt eine Social-Media-Lizenzkette. Soll ein fremdes Bild gepostet werden, bedarf es hierfür einer Lizenz, die die Lizenzierung des jeweiligen Netzwerkbetreibers einschließt und darüber hinaus den Netzwerkbetreiber berechtigt, selber Lizenzen zur Nutzung des Bildes zu vergeben

Wichtig: Künstliche Intelligenz

Das Urheberrecht erfasst persönlich geistige Schöpfungen eines Menschen. Immer dann, wenn Technologien der künstlichen Intelligenz bei der Entstehung von Texten, Musik, Fotos, Grafiken, Videos und sogar Gemälden zum Einsatz kommen, stellt sich die Frage, ob diese Produkte vom Urheberrecht erfasst werden. Diese Frage ist bedeutsam für die Lizenzierbarkeit von Inhalten an deren Gestaltung ein Computer nicht nur als Werkzeug beteiligt ist. Zur Orientierung ist der Grad des Einwirkens der künstlichen Intelligenz auf die „Schöpfung" heranzuziehen.

Wird beispielsweise ein Nachrichtentext durch die Eingabe von Fakten erstellt und die vom Algorithmus geschaffenen Formulierungen von einem Redakteur abschließend bearbeitet und korrigiert, spricht dieses dafür, dass hier zumindest ein urheberrechtliches Leistungsschutzrecht besteht. Es bedarf also bei der Nutzung des Textes durch Fremde einer urheberrechtlichen Zustimmung des Inhabers des Leistungsschutzrechtes. In diesem Beispiel wäre das die Nachrichtenagentur als Unternehmen.

Arbeitet die künstliche Intelligenz jedoch völlig autonom und das Ergebnis wird übernommen, ist das Urheberrecht auf die so geschaffenen Produkte nicht anwendbar. Dennoch sind diese Gestaltungen nicht gemeinfrei. Sie sind ein Ergebnis, das vom Immaterialgüterrecht außerhalb des Urheberrechts erfasst werden kann. Hierzu gehören Patent-, Design- und Markenrechte (siehe Abschn. 8.1). Zur Nutzung eines beispielsweise mittels eines Algorithmus erstellten Fotos ist daher stets zu überlegen, ob dieses Produkt einer Lizenzierung über die oben genannten Rechte bedarf.

Ihr Transfer in die Praxis bei der Prüfung von Lizenzen

Wichtig ist zunächst, dass Sie bei der Prüfung der Berechtigungen stets zwei Blickrichtungen einnehmen: Es gibt im Verkehr urheberrechtlich geschützter Fotografien, Grafiken, Videos und Texte Akteure, die Ihnen Rechte zur Nutzung einräumen und Akteure, die Nutznießer dieser Einräumungen sind. Erstere sind die Lizenzgeber und die rechtmäßigen Nutzer sind die Lizenznehmer. Hier handelt es sich um Lizenzen, die zwischen Gebenden und Nehmenden vereinbart sind. Es bestehen also Verträge zum Umfang der Nutzung.

Die zweite sehr wichtige Form der Berechtigung zur Nutzung fremder Werke ist die gesetzliche Lizenz. Das sind die Ausnahmen, in denen das Urheberrecht die Nutzung ohne die Zustimmung der Rechteinhaber erlaubt. Sind die jeweiligen im Urheberrechtsgesetz bestimmten Voraussetzungen zur Nutzung ohne einen Vertrag mit den Rechteinhabern erfüllt, wird von einer gesetzlichen Lizenz gesprochen. Im Bereich der Lehre, Wissenschaft und Kultur lohnt sich ein Blick auf diese Ausnahmeregelungen. Denn für diese Bereiche wurden sie geschaffen.

1.7 Vertraglicher Lizenzerwerb der Lehrenden sowie der Fortbildungs- und Vortragsveranstalter

In den von den Dozenten und Dozentinnen erstellten Präsentationen werden häufig fremde Fotos und Grafiken zur Illustration des textlichen Vortrags verwendet. Die Besonderheit liegt darin, dass sowohl Dozentinnen und Dozenten Nutzende sein können wie auch der Veranstalter einer Bildungsveranstaltung. Dieses ist z. B. dann der Fall, wenn der Dozent oder die Dozentin freiberuflich im Auftrag der Bildungseinrichtung unterrichtet. In diesen Fällen benötigen die Unterrichtenden wie auch die Auftraggeber für die Weitergabe und eventuelle Veröffentlichung der Präsentation (z. B. auf der Website der Akademie zum Download für die Teilnehmenden) eine Lizenz für ihre Nutzungen der fremden Werke, die in der Präsentation genutzt werden.

Unübersichtlich werden also die zu erwerbenden Lizenzen und Lizenzumfänge meist erst dann, wenn der Veranstalter nach der Präsentation eines „Gastdozenten" Folgehandlungen, wie etwa die Veröffentlichung im Internet, vornimmt. Nachfolgend werden typische Fallkonstellationen mit ihren Lösungen dargestellt.

1.7.1 Lizenzerwerb für fremde Bilder in Präsentationen durch die Dozentinnen und Dozenten

Recht einfach ist der Erwerb eines Dozenten oder einer Dozentin von Bildern zur Illustration einer Präsentation, die im Rahmen einer Bildungsveranstaltung gezeigt wird. Gemeint sind hier nicht Bilder, die im Wege des Zitatrechts genutzt werden (siehe Abschn. 3.2.1), sondern Bilder die auswechselbar lediglich zur Veranschaulichung der Vorträge dienen. Werden von den Vortragenden Bilder im Rahmen der üblichen Lizenzbedingungen einer Stockagentur erworben, ist die Nutzungshandlung der Vorführung durch die Vortragenden rechtmäßig.

Im Anschluss an die Präsentation nehmen Veranstalter jedoch urheberrechtlich relevante Handlungen vor: Die Präsentation wird meist den Teilnehmenden zugänglich gemacht und in vielen Fällen will der Veranstalter eine Präsentation über seine Website der breiten Öffentlichkeit zum Download zur Verfügung stellen.

1.7.2 Folgehandlung „Vervielfältigung" der Präsentation durch den Bildungsträger

Meist werden Präsentationen durch den Veranstalter eine Fortbildung oder eines Vortrags den Teilnehmenden ausgedruckt und auch als Datei (etwa auf einem USB-Stick) ausgehändigt. Häufig bietet der Veranstalter dem Teilnehmerkreis auch einen Download-Link zum Herunterladen der Präsentation an. Der Veranstalter nimmt bei der Anfertigung von Kopien (Druck wie auch Speichern auf einem Stick, einer Festplatte oder auf einer CD) Vervielfältigungshandlungen im Sinne des § 16 UrhG vor. Stellt er die Präsentation über einen Link zur Verfügung, handelt es sich um eine „öffentliche Zugänglichmachung". Auch dann, wenn nur den Kreis der Teilnehmenden die Präsentation abrufbar ist. Beide Handlungen sind zustimmungsbedürftig oder auf eine gesetzliche Lizenz zu stützen (siehe Abschn. 1.3).

> **Definition Verbotsrecht Vervielfältigung**
>
> Das Vervielfältigungsrecht des § 16 Urheberrechtsgesetz ist ein Verbotsrecht des Urhebers, dessen Sinn darin besteht, den Urheber nicht von Einnahmen auszuschließen, die durch Vervielfältigungen den Kreis der Nutzer seines Werkes ausweiten.

1.7.2.1 Zustimmung zur Vervielfältigung und zur Zugänglichmachung

Soweit es sich um eigene Werke der Vortragenden handelt, ist die Berechtigung zur Vervielfältigungshandlung des Veranstalters durch die Vortagenden meist durch den Dozentenvertrag erlaubt.

Schwieriger gestaltet sich die Aushändigung oder Zugänglichmachung einer Präsentation durch den Veranstalter, wenn die Vortragenden fremde Bilder in ihre Präsentationen eingebaut haben. Da die

Kopien von einem Dritten, dem Veranstalter, angefertigt werden und diese zudem im eigenen (wirtschaftlichen oder auch ideellen) Interesse des Veranstalters den Teilnehmenden ausgehändigt werden, ist zu überlegen, wie der Veranstaltende eine Lizenz für diese Service-Leistung der Aushändigungen der von ihm kopierten Präsentationen erlangen kann.

1.7.2.2 Stockmedien der Stockagenturen und die Weiterlizenzierung bei Präsentationen

Sogenannte Stockmedien sind grafische Inhalte, die typische und immer wiederkehrende Situationen symbolhaft illustrieren. Diese Fotos, Grafiken und Videos sind sozusagen auf Vorrat angefertigt und sie werden von Stockagenturen, wie etwa Adobe Stock oder iStock, vertrieben.

Der Lizenzerwerb zur Nutzung dieser Inhalte gestaltet sich einfach. Lizenzen sind meist standardisiert und die Vergütungen liegen häufig nur in einem zweistelligen Bereich.

Werden jedoch bei Stockagenturen Inhalte erworben, die nicht allein vom Erwerbenden genutzt werden sollen, sind in diesen Fällen die sogenannten Standardlizenzen der Stockagenturen nicht ausreichend. Der Grund dafür liegt darin, dass der Erwerber in der Regel keine Möglichkeit zum Erwerb der „ausschließlichen Nutzungsrechte" hat und er nur ein „einfaches Nutzungsrecht" ohne das Recht zur Weiterlizenzierung („Unterlizenzierung") Dritter erwirbt. Diese Unterlizenzierungen Dritter werden durch die Lizenzbedingungen (AGB) der Agenturen in der Regel bei den vorgefertigten Standardlizenzen untersagt.

1.7.3 Folgehandlung der Veröffentlichung der Präsentation im Internet durch den Bildungsträger

Nach dem Vorangegangenen ist nicht gesagt, dass ein Lizenzerwerb mit dem Recht der Dozenten zur Lizenzierung des Bildungsträgers ausgeschlossen ist. Die „großen" Stockfoto Agenturen (u. a. iStock und Adobe Stock) bieten unter *erweiterten Lizenzen* die Möglichkeit zur einmaligen *Weitergabe an den Auftraggeber oder Kunden*. Einige Agenturen (so wie iStock und Adobe Stock) erlauben das auch mit ihrer Standardlizenz. Rechtlich unterscheidet sich die von den Agenturen erlaubte Weitergabe von einem im juristischen Sinne Unterlizenzierungsrecht. Hierzu ausführlich Abschn. 1.8.

> **Beispiel zum Lizenzerwerb eines Stockfotos zur Nutzung in einer Präsentation**
>
> Ein Feuerwehrmann (F) erhält von einer Unfallkasse (U) den Auftrag als Dozent eine Fortbildungsveranstaltung zum Brandschutz abzuhalten. Die Unfallkasse möchte die Präsentation den Teilnehmenden als Ausdruck sowie auch elektronisch zum Download mit Password über ihre Website zur Verfügung stellen. Die Unfallkasse wird damit selber ebenfalls zum Nutzenden und sie benötigt eine Berechtigung für ihre Vervielfältigungen und Verbreitungen.
>
> Mit dem Dozentenvertrag sichert F zu, „alle in der Präsentation enthalten Darstellungen rechtmäßig erworben zu haben und U die Rechte zur Vervielfältigung und Veröffentlichung einzuräumen".
>
> Der Feuerwehrmann erwirbt auf seinen Namen bei einer Stockagentur 15 symbolhafte Fotos zum Thema „Feuer, Feuerwehr und Brandschutz" und lockert damit seine Präsentation auf. F hat mit einer von der Agentur formulierten *erweiterten Lizenz* ein einfaches Nutzungsrecht zu umfangreichen Arten der Nutzung und auch ausdrücklich zur Weitergabe an **eine** Person erworben. Damit ist es möglich, dass F der Unfallkasse die Rechte zur Verbreitung einräumt.

Wichtig ist, dass auch der Bildungsträger sich vergewissert, dass die Lizenz der Dozentin oder des Dozenten das Recht zur Lizenzierung beinhaltet und der Bildungsträger tatsächlich berechtigt ist, die Präsentation zur verbreiten. Denn im Fall einer unberechtigten Verbreitung muss sich der Bildungsträger zumindest als sogenannter Störer durch die Rechteinhaber in Anspruch nehmen lassen und mit einer kostspieligen Abmahnung rechnen.

1.8 „Standardlizenzen" der Stockagenturen

In Fortbildungen zum Bildrecht tauchen regelmäßig detaillierte Fragestellungen zu den sogenannten Standardlizenzen der „großen" Stockfoto
Agenturen auf. Nun kann Ihnen niemand das Lesen der allgemeinen
Geschäftsbedingungen (AGB) der von Ihnen gewählten Agentur
abnehmen. Da die Bedingungen meist nicht sofort für die Nutzer
verständlich und eindeutig formuliert sind, soll der nachfolgende
Abschnitt Ihnen helfen, die Bedingungen leichter zu erfassen.

Hinsichtlich der gewährten Lizenzumfänge bei der Nutzung von
Stockmedien der Agenturen mit der Bezeichnung „Standardlizenz"
sind zwei Fragen der Nutzenden von besonderem Interesse: Darf ich
die Medien in soziale Netzwerke hochladen und darf ich Stockmedien
anderen Personen zur Nutzung überlassen? Beide Fragen hängen
zusammen. Sie betreffen die Frage der Erlaubnis zur Weitergabe der
Inhalte an Dritte. Weitergaben sind vertraglich zulässig, wenn ein Recht
zur „Unterlizenzierung" und/oder ein Recht zur „Übertragung" besteht.

Dennoch besteht ein Unterschied zwischen Unterlizenzierung und
einer Übertragung, der sich nicht leicht aus den Formulierungen der
Agentur-AGB erschließt. Bei einer sogenannten **Unterlizenzierung**
nutzt der Lizenzerwerber und räumt zur gleichzeitigen eigenen Nutzung
weiteren Personen Nutzungsrechte ein. Bei einer **Übertragung** des
Nutzungsrechtes tritt an die Stelle des ursprünglichen Lizenzerwerbers
ein neuer Nutzer. Der ursprüngliche Erwerber ist dann nicht mehr
berechtigt den übertragenen Inhalt neben dem neuen Erwerber zu
nutzen.

Nachfolgend geht es um den Lizenzumfang der sogenannten
„Standardlizenzen" der Agenturen Adobe Stock und iStock. Erlauben
diese Lizenzvereinbarungen Unterlizenzierungen und Übertragungen?

1.8.1 Ausschluss des Erwerbes exklusiver
Nutzungsrechte

Ausschließlichkeit, oder auch Exklusivität, einer Nutzung besteht dann,
wenn für eine bestimmte Zeit oder für unbegrenzte Zeit die Nutzung

eines Werks für eine bestimmte Nutzungsart (z. B. für die Wiedergabe eines Bildes auf einer Website) allein Ihnen eingeräumt wurde.

Bildagenturen räumen den Nutzern mit ihren Standardlizenzen ausdrücklich keine exklusiven („ausschließlichen") Nutzungsrechte ein. Dieses hat zur Folge, dass eine Unterlizenzierung und/oder die Übertragung der mittels Standardlizenz erworbenen Nutzungsrechte aus der gesetzlichen Stellung des Lizenznehmers als Inhaber von ausschließlichen Nutzungsrechten ausscheiden.

1.8.2 Auslegung von Lizenzbedingungen

Bei den Beschreibungen der Lizenzumfänge durch Stockagenturen handelt es sich um allgemeine Geschäftsbedingungen der jeweiligen Agentur. Diese können erheblich voneinander abweichen. Die üblichen Bezeichnungen „Standardlizenz" oder „erweiterte Lizenz" sind keine gesetzlichen Begriffe. Vielmehr benennen sie das von der Agentur formulierte Geschäftsmodell für durch die Agentur formulierte Abstufungen des Umfangs der Rechteeinräumungen zur Bildnutzung durch den Verbraucher. Bei Unklarheiten und Missverständnissen sind, meist erst im Streitfall vor Gericht, allgemeine Geschäftsbedingungen auch im Bereich des urheberrechtlichen Lizenzerwerbes eine Sache der Auslegung unter Berücksichtigung der Verständnisfähigkeit und Auffassungsgabe eines „normalen" Verbrauchers.

Zur Auslegung werden das Bürgerliche Gesetzbuch und das Urheberrecht mit seiner „Zweckübertragungsregel" herangezogen.

1.8.2.1 Auslegung von allgemeinen Geschäftsbedingungen nach dem BGB

Vorformulierte Lizenzumfänge, für die Masse der Nutzer verfasst, gelten als Allgemeine Geschäftsbedingungen. Zunächst gilt die Heranziehung der Grundsätze rechtsgeschäftlicher Vereinbarungen des Bürgerlichen Gesetzbuches (BGB) §§ 133, 157. Ergänzend ist folgende Besonderheit zu beachten. Nach § 305c Abs. 2 BGB gehen Zweifel im Rahmen der

Auslegung stets zu Lasten des Verwenders der AGB, also hier zu Lasten der Fotoagentur.

Beispiel zur Auslegung einer vorgefertigten Lizenzvereinbarung im Rahmen von AGB

Eine Bildagentur bietet eine Lizenz ausdrücklich zum Erwerb „für Ihre Öffentlichkeitsarbeit" an. Eine Universität erwirbt die so ohne weitere Spezifikationen beschriebene Lizenz für ein Foto, welches Forschung symbolisiert. Dieses Foto verwendet die Universität zunächst auf ihrer Website zur Illustration einer Pressemitteilung, dann als Anhang zu einer Pressemitteilung, versendet an Multiplikatoren und zuletzt veröffentlicht die Universität das Bild im Zusammenhang mit der Pressemitteilung auf ihrem Facebook-Account. Obwohl die Agentur unter „Zusätzliche Bedingungen" über einen Link zu einem PDF, dass „Weitergaben der Bilder an Dritte nicht erlaubt" sind, kann in diesem Beispiel davon ausgegangen werden, dass mit der Umschreibung „Öffentlichkeitsarbeit" gerade auch die Nutzungseinräumungen gegenüber Multiplikatoren (Dritte) erlaubt sind. Etwas anderes würde dem beschriebenen Lizenzzweck „Öffentlichkeitsarbeit" widersprechen.

1.8.2.2 Auslegung entsprechend Urheberrechtsgesetz

Das Urheberrecht sieht bei vertraglichen „Unklarheiten" bezüglich des Lizenzumfanges eine Auslegungsregel vor (§ 31 Abs. 5 UrhG). Diese Regelung besagt, dass bei fehlenden oder unzureichenden ausdrücklichen Vereinbarungen über Art und Umfang der vertraglich eingeräumten Rechte bei der Auslegung auf den (Lizenz-) Vertragszweck zu schauen ist. Daher wird diese Auslegungsregel auch Zweckübertragungsregel genannt.

Als Vertragszweck gelten die Nutzungen, von denen Lizenzgeber und Lizenznehmer bei Abschluss des Vertrages als Mindestumfang der Lizenz ausgegangen sind. Im Zweifel räumt der Urheber nur in dem Umfang Nutzungsrechte ein, den der Vertragszweck unbedingt erfordert. Haben Lizenzgeber und Lizenznehmer über eine Form der Nutzung nicht ausdrücklich verhandelt, gehen die Gerichte davon aus, dass diese Nutzung im Zweifel nicht Gegenstand des Vertrages war. Eine Rechteeinräumung bezüglich der umstrittenen Nutzung hat dann nicht stattgefunden.

> **Beispiel zur Anwendung der Zweckübertragungsregel**
>
> Fotograf F erhält den Auftrag eine Forschungsreise eines Institutes für Meeresforschung zu begleiten und zu dokumentieren. Auftraggeber und Auftragnehmer waren sich darüber einig, dass die Fotos in dem anschließenden Forschungsbericht veröffentlicht werden. Mehr wurde zwischen den Parteien über die Verwendung der Fotos nicht besprochen. Noch während der Reise verlangt der Forschungsleiter Kopien der Fotos für die Öffentlichkeitsarbeit auf vier Social-Media-Kanälen des Institutes.
>
> Im Ergebnis erbringt die Anwendung der Zweckübertragungsregel in diesem Beispiel, dass der Bereich Öffentlichkeitsarbeit mittels Rechteeinräumungen des Auftraggebers gegenüber sozialen Netzwerken weit über den Mindestumfang „Nutzung zur Illustration eines Forschungsberichts" hinausgeht. Eine „Social-Media-Lizenz" ist damit nicht zu Gunsten des Forschungsinstituts von F eingeräumt worden.

1.8.3 Standardlizenzen von „Adobe Stock" und „iStock" und das Recht zur Weitergabe zur Nutzung durch Dritte?

Aufmerksame Leserinnen und Leser der allgemeinen Geschäftsbedingungen der Agenturen Adobe Stock und iStock stolpern häufig über die Formulierungen zur „Weitergabe durch den Lizenznehmer von Inhalten an weitere Personen". Was genau ist an Weitergaben mit einer Standardlizenz erlaubt?

1.8.3.1 Der Begriff „Weitergabe"

Die Frage, ob die Weitergabe zur Nutzung an andere Personen als dem Erwerber im Rahmen einer Standardlizenz erlaubt ist, betrifft zwei verschiedene Vorgänge. Zum einen geht es um die Social-Media-Nutzungen von Stockfotos und zum anderen um die Weitergabe zur Nutzung der erworbenen Fotos durch Folgenutzer, z. B. Kunden einer Kommunikationsagentur oder Bildungsveranstalter, die das Manuskript einer Dozentin veröffentlichen.

Unter dem Begriff Weitergabe ist zunächst eine Erweiterung des Nutzerkreises zu verstehen. Es handelt sich dabei um die Unterlizenzierungen (siehe Abschn. 1.6). Dabei nutzt der Lizenznehmer das Foto des Lizenzgebers und der Lizenznehmer räumt weiteren Personen die Nutzung ein. Lizenznehmer und Unterlizenznehmer nutzen denselben Inhalt gleichzeitig.

Mit Weitergabe kann aber auch gemeint sein, dass die Lizenznehmer wechseln. Der ursprüngliche Lizenznehmer überträgt seine Lizenz auf eine andere Person. In diesem Fall wird der Kreis der Nutzenden nicht erweitert, weil bei einer Lizenz-Übertragung nur der neue Lizenznehmer zur Nutzung berechtigt ist.

1.8.3.2 Adobe Stock und Social-Media Nutzungen unter einer Standardlizenz

Der Lizenzumfang einer Standardlizenz erlaubt das „Veröffentlichen des Stockmediums auf einer Website oder in Social Media ohne Begrenzung der Aufrufe". Die nachfolgende Abb. 1.4 zeigt einen Screenshot der Adobe Standardlizenz (Adobe Stock, o. J.).

Wie dargelegt, wird mit dem Hochladen eines fremden Bildes in ein kommerzielles soziales Netzwerk dem Dienstbetreiber eine Lizenz eingeräumt. Hierbei handelt es sich um den Vorgang der Unterlizenzierung des Dienstbetreibers durch den Account-Inhaber, der das Bild postet. Die Standardlizenzen von Adobe Stock (siehe Abb. 1.4) und iStock erlauben dieses ausdrücklich.

Widersprüchlich zur ausdrücklich gewährten Social-Media-Nutzung ist unter „Zusätzliche Bedingungen für Adobe Stock" vom 29. Januar 2021 die „Unterlizenzierung" nicht erlaubt (Adobe Stock, 2021).

Nach den Grundsätzen zur Auslegung von allgemeinen Geschäftsbedingungen, ist die Einschränkung „Verbot zur Unterlizenzierung" zwar verpflichtend, jedoch in Bezug auf ausdrücklich erlaubte Social-Media-Nutzungen „widersprüchlich". Die Lesart müsste heißen: Ausnahmsweise ist das Verbot der Unterlizenzierung nicht auf Social-Media-Nutzungen anzuwenden. Auch ist dem Autor kein Fall bekannt, in dem sich eine Agentur bei einer zunächst ausdrücklich gewährten

Für die meisten Adobe Stock-Fotos, -Vektoren und -Illustrationen gilt eine Standardlizenz. Eine Standardlizenz erlaubt dir Folgendes:

- Reproduktion von bis zu 500.000 Kopien des Stockmediums in sämtlichen Medien, u. a. auf Produktverpackungen, in gedruckten Marketing-Materialien sowie in digitalen Dokumenten oder Software.
- Einbindung des Stockmediums in E-Mail-Marketing, mobile Werbung, Fernseh- oder digitale Programme, wenn weniger als 500.000 Aufrufe zu erwarten sind.
- Veröffentlichen des Stockmediums auf einer Website oder in Social Media ohne Begrenzung der Aufrufe.
- Einbindung des Stockmediums in bestimmte Produkttypen (z. B. in ein Lehrbuch), sofern das Stockmedium selbst nicht den Hauptwert des Produkts ausmacht und das Produkt nicht häufiger als 500.000 Mal reproduziert wird.
- Weitergabe des unveränderten Stockmediums an Kolleginnen und Kollegen sowie an Externe, die sich vertraglich zur Einhaltung der Lizenzbestimmungen verpflichtet haben.
- **Übertragen der Lizenz auf den Kunden oder Arbeitgeber**

Unter einer Standardlizenz nicht zulässig:

- Weitergabe der eigenständigen Datei.
- Erstellung von Waren, Vorlagen oder anderen Handels- und Vertriebsprodukten, bei denen das Stockmedium selbst den Hauptwert des Produkts ausmacht. So darfst du damit beispielsweise keine Poster, T-Shirts oder Kaffeetassen gestalten, die hauptsächlich wegen des aufgedruckten Stockmediums gekauft werden.
- **Übertragung der Lizenz an mehrere Arbeitgeber oder Kunden, sofern nicht jeweils eine seperate Lizenz für diese erworben wird.**

Abb. 1.4 Screenshot der mittels allgemeinen Geschäftsbedingungen erteilten Adobe Stock Standardlizenz. Hervorhebungen durch den Autor

Social-Media-Nutzung auf die Klausel des Ausschlusses der Unterlizenzierungen berufen hat.

1.8.3.3 iStock und Social-Media-Nutzungen unter einer Standardlizenz

Ähnlich wie bei Adobe Stock besteht auch bei iStock die Widersprüchlichkeit hinsichtlich einer innerhalb der Standardlizenz eingeräumten Nutzung und dem Ausschluss von Unterlizenzierungen der iStock Inhalte durch Lizenznehmer. Wie in den Nutzungsbedingungen der Agentur Adobe Stock besteht auch hier eine ausdrückliche Erlaubnis zur Social-Media-Nutzung bei dem Erwerb einer Standardlizenz.

1.8.4 Erlauben die Standardlizenzen von Adobe Stock und iStock die Überlassung ihrer Medien durch den Lizenznehmer an weitere Nutzer?

Sowohl Adobe Stock wie iStock schließen Unterlizenzierungen grundsätzlich aus. Das bedeutet, dass Nutzende nicht weiteren Personen Nutzungsrechte an den mit einer sogenannten Standardlizenz erworbenen Inhalten einräumen dürfen. Wie oben beschrieben, stellt eine ausdrückliche Ausnahme die Social-Media-Nutzung der Agenturbilder unter einer Standardlizenz dar.

Hintergrund für das Verbot von Unterlizenzierungen: Würde die Agentur Unterlizenzierungen generell erlauben, wäre ihr Geschäftsmodell gefährdet. Denn mit der Weitergabe im Sinne einer Unterlizenzierung erweitert sich der Kreis der Nutzenden, ohne dass der Agentur ein Vergütungsanspruch gegenüber unterlizenzierten Nutzern entsteht.

Dennoch erlauben einige Agenturen mit dem Erwerb einer Standardlizenz die Weitergabe an **eine** Person (natürliche Person und juristische Person). Hierbei handelt es sich juristisch nicht um Unterlizenzierungen, sondern um Übertragungen der Lizenz auf eine andere und neue Person.

1.8.4.1 Übertragung von Inhalten der Agentur Adobe Stock bei einer Standardlizenz

Im letzten Punkt zur Auflistung der erlaubten Handlungen unter einer Standardlizenz heißt es: „Übertragen der Lizenz auf deinen Kunden oder Arbeitgeber" (Adobe Stock, o. J.).

Übertragung ist hier so zu verstehen, dass ein Lizenznehmer das betreffende Bild an eine Person weitergibt (beispielsweise in einer Präsentation) und selber neben der neuen Person nicht mehr nutzt oder eine neue Lizenz zur Nutzung erwirbt. Rechtlich handelt es sich dabei um Übertragung von Nutzungsrechten gemäß § 34 UrhG. Zur Übertragung bedarf es der Zustimmung der Urheber. Die Agentur kann dieses Recht gewähren, da sie entsprechende Verträge mit den Urhebern der Stockmedien abgeschlossen hat.

Laut AGB ist eine Vereinbarung zwischen dem ursprünglichen Lizenzerwerber und dem neuen Lizenzerwerber zur Übertragung notwendig. Mit dieser Vereinbarung soll sich der ursprüngliche Erwerber auch verpflichten, die Einhaltung der Adobe Stock Lizenzbedingungen des neuen Erwerbers zu garantieren.

1.8.4.2 Erwerb einer Lizenz zu Gunsten Dritter bei der Agentur iStock unter einer Standardlizenz

Einen anderen Weg zur Lösung von „Weitergaben" an nutzende Auftraggeber als Adobe Stock, bietet die Agentur iStock. Ziffer 4, Punkt 1 der Lizenzbeschreibung erlaubt den Kauf einer Lizenz im Namen eines Kunden oder Arbeitgebers (siehe Abb. 1.5). Entgegen der Lizenzbeschreibung ist dieses kein Fall der Unterlizenzierung oder Übertragung. Ziffer 4, Punkt 1 erlaubt den Vorgang im Namen des Lizenznehmers und zu Gunsten des Lizenznehmers eine Lizenz bei iStock zu erwerben.

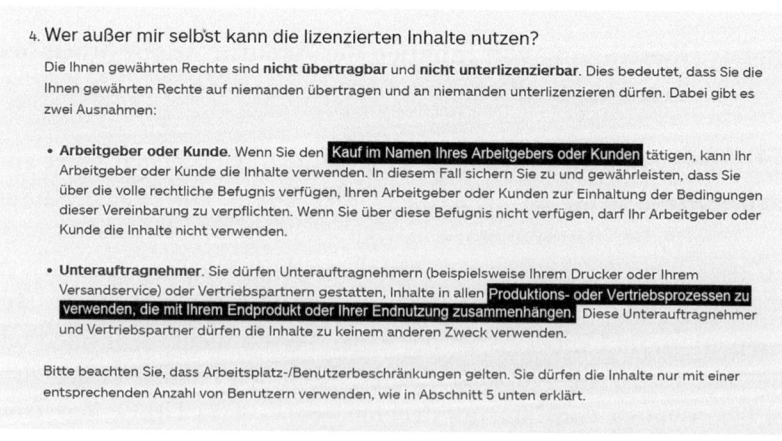

Abb. 1.5 Screenshot der Einschränkungen zur Unterlizenzierung und Übertragung von Inhalten bei Erwerb unter der iStock Standardlizenz (iStock, 2022)

Missverständlich ist es auch, wenn in den AGB von Unterlizenzierungen und Übertragungen zu Gunsten von *Vertriebspartnern* gesprochen wird. Nicht erlaubt ist, dass beispielsweise ein Unternehmen Werbebroschüren mit Medien der Agentur iStock anfertigt und diese Broschüren anschließend einem selbständigen Vertriebspartner mit eigenem Interesse am Verkauf der gezeigten Produkte zur Veröffentlichung auf seiner Website zur Verfügung gestellt werden.

Ihr Transfer in die Praxis bei der Verwendung von Agentur Stockfotos

Die Verwendung von Stockfotos der Bildagenturen bestimmt sich nach den Lizenzbedingungen der Agenturen. Die Lizenzbedingungen werden nicht individuell ausgehandelt, sondern als allgemeine Geschäftsbedingungen (AGB) verfasst. Wichtig ist, dass Sie die jeweils neusten Bedingungen der von Ihnen gewählten Agentur im Blick haben. Denn die Agenturen ändern ihre AGB häufig.

Sogenannte Standardlizenzen der Agenturen können deutlich voneinander abweichen. Wenn Sie Bilder für die Social-Media-Arbeit erwerben, vergewissern Sie sich, dass die von Ihnen gewählte Agentur dieses erlaubt.

Immer dann, wenn verschieden Personen ein Stockmedium verwenden, ist zu prüfen, ob diese Personen Nutzende sind. Das ist dann der Fall, wenn Sie Inhalte mit Stockmedien anfertigen und diese Inhalte zum Beispiel juristisch selbständigen Kooperationspartnern überlassen.

Wollen Sie den Nutzerkreis der erworbenen Lizenz auf weitere Personen ausdehnen, ist dieses im Wege der Unterlizenzierung in der Regel nicht möglich. Notwendig ist dann der Erwerb einer zusätzlichen Lizenz zu Gunsten eines weiteren, von Ihnen vorgesehenen Nutzenden. Oder aber der weitere Nutzer erwirbt, neben Ihnen, ebenfalls eine Lizenz für die betreffenden Inhalte. Möglich ist daneben bei einigen Agenturen im Wege der Standardlizenz auch eine Übertragung der von Ihnen erworbenen Lizenz auf einen einzigen „Folgenutzer". Sie dürfen betreffende Bild dann nicht mehr nutzen.

Wollen Sie regelmäßig und im größeren Umfang Stockmedien verwenden, empfiehlt es sich die Bedingungen im Rahmen eines Abonnements mit der Agentur für Ihre Einrichtung passend auszuhandeln. Im Rahmen solcher individuellen Bedingungen, ist es dann auch möglich eine Regelung für Unterlizenzierungen genau benannter Partner und Tochterunternehmen zu treffen.

Literatur

Adobe Stock (o.J.): Informationen zur Lizenzierung von Adobe Stock-Medien, https://stock.adobe.com/de/license-terms#visualAssets. Zugegriffen: 15.06.2022

Adobe Stock (29.01.2021): Zusätzliche Bedingungen für Adobe Stock, https://wwwimages2.adobe.com/content/dam/cc/de/legal/servicetou/Stock-Additional-Terms-de_DE-20210129.pdf. Zugegriffen: 15. Juni 2022

Deutscher Bundestag Drucksache IV/270; Gesetzentwurf der Bundesregierung vom 23. März 1962, Entwurf eines Gesetzes über Urheberrecht und verwandte Schutzrechte(Urheberrechtsgesetz), https://dserver.bundestag.de/btd/04/002/0400270.pdf. Zugegriffen: 29.06.2022

iStock (2022): Lizenzvereinbarung für iStock Inhalte, Januar 2022, https://www.istockphoto.com/de/legal/license-agreement. Zugegriffen: 15.06.2022

Kreutzer, Till (25.02.2021): Welche Regeln gelten für die Erzeugnisse Künstlicher Intelligenz?, irights.info, https://irights.info/artikel/welche-regeln-gelten-fuer-die-erzeugnisse-kuenstlicher-intelligenz/30724. Zugegriffen: 31.07.2022

2

Urheberrechtlich wenig relevante und nicht relevante Nutzungen

Was Sie aus diesem Kapitel mitnehmen

In diesem Kapitel erfahren Sie, welche Handlungen und Inhalte bei der Publikation fremder Werke weder eine vertragliche Lizenz noch einer gesetzlichen Erlaubnis zur Nutzung erfordern. Weiter beinhaltet dies Kapitel einen Überblick zu den urheberrechtlich weniger relevanten Nutzungen, wie den rein privaten Verwendungen und den Nutzungen von Bildern die, obwohl das Urheberrecht nicht erloschen ist, als gemeinfrei deklariert werden.

2.1 Ablauf der urheberrechtlichen Schutzfristen

Das Recht am geistigen Eigentum ist endlich. Das gilt auch für den Schutz, den das Urheberrecht den Rechteinhabern gewährt. Es bestehen im Urheberrecht für unterschiedliche Leistungen unterschiedliche Schutzfristen. Nach dem Ablauf einer Schutzfrist bedarf es zur Nutzung des vormals geschützten Werkes weder einer gesetzlichen noch einer vertraglichen Lizenz. Die Allgemeinheit kann Werke und werkähnliche Leistungen damit frei, also ohne Beschränkungen durch das Urheberrecht, nutzen.

2.1.1 Erlöschen des Urheberrechts

Eine der wichtigsten zeitlichen Befristungen zum Bestand eines Urheberrechts beinhaltet § 64 UrhG: „Das Urheberrecht erlischt siebzig Jahre nach dem Tod des Urhebers." Diese Regel gilt nicht allein in Deutschland, sondern aufgrund einer durch die Mitgliedstaaten umgesetzten EU-Richtlinie EU-weit. Ist das Urheberrecht erloschen, wird auch von „Gemeinfreiheit" eines vormals geschützten Werkes gesprochen.

2.1.2 Erlöschen von Leistungsschutzrechten

Sehr einfach aufgenommene Fotos sind keine geistigen Schöpfungen. Sie fallen nicht unter den Begriff Lichtbildwerke. Geschützt sind sie aber als Lichtbilder nach § 72 UrhG (siehe Abschn. 1.3.2).

Anders als das Erlöschen des Urheberrechts wird das Erlöschen von Leistungsschutzrechten nicht an die Lebenszeit von Personen gekoppelt. Entscheidend sind das Entstehungsdatum sowie das Veröffentlichungsdatum der nach dem Urheberrecht geschützten Leistung.

> **Beispiel für Lichtbilder**
>
> Archäologin A dokumentiert mit dem Smartphone ein Fundstück. An derartigen dokumentarischen Fotos besteht in der Regel nur ein vermindertes Urheberrecht. So fallen diese einfachen Fotografien ohne individuelle persönliche Gestaltung lediglich unter den Schutz der Lichtbilder nach § 72 UrhG.
>
> A publiziert die Abbildung des Fundstückes auf ihrer Website. Fünfzig Jahre nach Veröffentlichung kann diese Abbildung ohne Zustimmung und ohne eine gesetzliche Lizenz von jedermann legal heruntergeladen und publiziert werden. Veröffentlicht A ihr Bild nicht im Internet oder in irgendeinem anderen Medium, erlischt das Schutzrecht fünfzig Jahre nach der Herstellung des Bildes (§ 72 Abs. 3 UrhG). Es fragt sich natürlich, wie

im letzteren Fall ein potentieller Nutzer überhaupt von der Existenz des Bildes erfährt und wie er wissen kann, wann A das Bild erstellt hat. Daher hat die „Herstellungsschutzfrist" in der Praxis kaum Bedeutung, wohl aber die „Erscheinungsschutzfrist".

2.2 Exkurs: Gemeinfreie Gemälde der Museen

Selbst dann, wenn das Urheberrecht an einem Gegenstand erloschen ist, bedeutet das nicht, dass der „fotografischen Verwertung" des Gegenstandes keine Rechte entgegenstehen können. Diese Rechte können aus einer Eigentumsbeeinträchtigung und aus der urheberrechtlich geschützten fotografischen Reproduktion gemeinfreier Werke entspringen.

2.2.1 Eigentumsrechte an gemeinfreien Werken und Besucherordnungen

Aus der Stellung als Eigentümer eines Grundstücks und zusätzlich als Eigentümer einer sich auf dem Grundstück befindlichen beweglichen Sache kann sich ein Unterlassungsanspruch gegen die Verwertung von Fotografien der beweglichen Sachen ergeben. Ebenso kann sich aus einem vertraglichen Fotoverbot die Verwertung verbieten.

2.2.1.1 Eigentumsrechte

Für die Verwertung der Fotos von Gebäuden hat der Bundesgerichtshof (BGH) im „Schloss Tegel Fall" eine Eigentumsbeeinträchtigung dann angenommen, wenn das Grundstück zur Anfertigung der Fotos betreten wurde. Es steht dem Eigentümer eines Bauwerkes zu, die Früchte aus der Verwertung seines Gebäudes zu ziehen. Dieses gilt auch für die gewerbliche Verwertung der Abbildungen des Gebäudes. „Die gewerbliche Nutzung des Eigentums steht unbeschadet der sich aus der Rechtsordnung ergebenden Sozialbindung des Eigentums im Grundsatz dem Eigentümer zu. Lässt sich die Ansicht eines Gebäudes durch den Vertrieb von Ansichtskarten usw. gewerblich auswerten, so liegt es nahe, das Recht solcher Nutzung dem Eigentümer vorzubehalten, der es errichtet hat oder unterhält. Ob dies allgemein zu gelten hat, bedarf hier keiner Entscheidung, mag auch durchaus zweifelhaft sein, da nach § 59 UrhG die Verbreitung – auch die entgeltliche – der Lichtbilder sogar von unter Urheberschutz stehenden Gebäuden zulässig ist, die sich bleibend an öffentlichen Wegen, Straßen oder Plätzen befinden."[1]

Gilt die Auffassung des BGH auch für bewegliche Sachen, die sich auf dem Grundstück befinden? Die Frage stellt sich, weil Gemälde bewegliche Sachen sind und die Rechtsprechung einen Unterlassungsanspruch aus Eigentumsrechten ursprünglich nur für Immobilien anerkannt hat. Das Oberlandesgericht München hat mit einem Beschluss für richtig erkannt, dass auch eine Eigentumsbeeinträchtigung durch die Abbildung beweglicher Sachen vorliegen kann.

Voraussetzung hierfür ist, dass die bewegliche Sache im Eigentum des Grundstückseigentümers bzw. Nutznießers des Grundstücks steht, die bewegliche Sache sich auf dem Grundstück befindet und das Grundstück zur Anfertigung der Fotos betreten wurde.

„Es liegt ohne Weiteres nahe, entsprechend der zum Fotografieren von Immobilien ergangenen Rechtsprechung eine Eigentumsbeeinträchtigung anzunehmen, wenn zum Fotografieren der beweglichen Sache widerrechtlich das Grundstück ihres Eigentümers betreten werden muss […] Ebenso nahe liegt es allerdings, eine Eigentumsbeeinträchtigung wie bei Immobilien nicht anzunehmen, wenn zum Anfertigen der später verwerteten Fotos das unbefugte Betreten eines fremden Grundstücks – wie hier – nicht erforderlich war […] Es ist unter diesem Aspekt jedenfalls kein Grund dafür ersichtlich, in der Anfertigung und Verwertung von Fotografien beweglicher Sachen in weiterem Umfang eine Eigentumsverletzung zu erblicken als bei der Anfertigung und Verwertung von Fotografien unbeweglicher Sachen."[2]

---

[1] BGH, Urteil vom 20. November 1974, Az. I ZR 99/73.
[2] OLG München, Beschluss vom 25. Juni 2019, Az. 24 W 700/19.

Für Museen ergibt sich daraus, dass sie sich gegen die Verwertung von Gemälden durch Abfotografieren dann aus den Eigentumsrechten wehren können, wenn die Gemälde im Eigentum des Museums stehen.

Im „Schloss Tegel Fall", der Vermarktung von Ansichtskarten des Schlosses, hatte das Gericht zwar die Sozialpflichtigkeit des Eigentums erwähnt, jedoch ihr im vorliegenden Fall keine Bedeutung beigemessen. Denn die Vermarktung der Abbildung fremden Eigentums erfolgte in diesem Fall zu gewerblichen Zwecken, so dass die Nutzung der Abbildungen nicht aus dem Gedanken zur Sozialpflichtigkeit des Eigentums zu einer Duldungspflicht führen kann.

Der BGH hat nun auch im Falle einer nicht gewerblichen Nutzung für die Internet-Enzyklopädie Wikimedia[3] das berechtigte Interesse des grundrechtsverpflichteten Ausstellers höher bewertet als die Sozialbindung des Eigentums.

2.2.1.2 Besucherordnung und Fotoverbot

Bei der Ausstellung von Werken, die nicht im Eigentum des Museums stehen, aber auch bei Werken, die das Museum erworben hat, besteht die Möglichkeit das Abfotografieren durch eine Besucherordnung zu unterbinden. Das Museum kann als unmittelbarer Besitzer von Leihgaben hausrechtlich Einfluss mit einer Besucherordnung nehmen und das Fotografieren in den Ausstellungsräumen mit den allgemeinen Geschäftsbedingungen des Besichtigungsvertrages verbieten. So war es in dem Fall des kommunalen Museums, welches sich gegen das Abfotografieren der ausgestellten Werke aus dem hauseigenen Museumskatalog und das anschließende Hochladen in eine Internet-Enzyklopädie wehrte. Der Bundesgerichtshof (BGH) führt hierzu aus:

„Es besteht ein berechtigtes Interesse der Betreiber von Museen, Regeln für das Verhalten der Besucher während des Museumsbesuchs aufzustellen, zu denen auch ein Fotografierverbot zählen kann. Ein solches

---

[3] BGH, Urteil vom 20. Dezember 2018, Az. I ZR 104/17 „Museumsfotografie/Wikimedia".

Verbot kann dem Schutz der Kunstwerke, dem ordnungsgemäßen Ablauf des Museumsbetriebs, der Einhaltung rechtlicher Verpflichtungen des Museums gegenüber Dritten oder eigenen Interessen des Museums dienen [...]. Dies gilt nicht nur dann, wenn sich der Betreiber des Museums gegenüber Leihgebern verpflichtet hat, urheberrechtswidrige Vervielfältigungen geliehener Werke zu unterbinden, oder Werke vor der Beschädigung durch Lichtblitze oder dem Hantieren mit Stativen geschützt werden sollen. Die allgemeine Freigabe des Fotografierens ist – nicht zuletzt angesichts der großen Beliebtheit von Mobiltelefonen und der mit ihnen angefertigten Fotos – geeignet, den geordneten Museumsbetrieb zu beeinträchtigen."[4]

2.2.2 Urheberrechtlicher Schutz von Gemälde-Reproduktionen

Die Rechtsprechung musste sich häufiger mit der Frage auseinandersetzen, ob die Reproduktion eines gemeinfreien Werkes ebenfalls gemeinfrei ist. Wäre dieses der Fall, könnten z. B. Gemäldereproduktionen gemeinfreier Werke aus einem Museumskatalog wiederum reproduziert werden und von jedermann frei genutzt werden. Der BGH hat im „Wikimedia-Fall" entschieden, dass Gemäldereproduktionen sowohl als Lichtbild wie auch als Lichtbildwerk (siehe Abschn. 1.3.1) geschützt sein können.[5] Damit muss der Rechteinhaber an der Reproduktion zur Verwertung seine Zustimmung geben oder aber es besteht zu Gunsten des Nutzers eine gesetzliche Lizenz (siehe Abschn. 1.3), wie z. B. das Zitatrecht.

Angesichts des Stellenwertes der Aufgabe „digitale Zugänglichmachung des Kulturerbes" hat das Urteil des BGH zur Museumsfotografie öffentliche Kontroversen ausgelöst (Weitzmann, 2018).

---

[4] BGH, Urteil vom 20. Dezember 2018, Az. I ZR 104/17 „Museumsfotografie/Wikimedia".
[5] BGH, Urteil vom 20. Dezember 2018, Az. I ZR 104/17 „Museumsfotografie/Wikimedia".

2.3 Gemeinfreiheit durch Deklaration nicht möglich

Nicht selten bestimmen Urheberinnen und Urheber, dass ihr Werk „gemeinfrei" sei. Das ist rechtlich im europäischen Rechtsraum nicht möglich. Ebenso taucht in diesem Zusammenhang die Kennzeichnung eines Fotos als „Public Domain" auf. Gemeint ist damit nicht die Gemeinfreiheit im Sinne des Urheberrechtsgesetzes, sondern eine Bestimmung der Gemeinfreiheit nach US-amerikanischen Recht. Im europäischen Rechtsraum kann Gemeinfreiheit nur dann einsetzen, wenn die Schutzfristen der Werke abgelaufen sind (siehe Abschn. 2.1). Gemeint mit Public-Domain und „gemeinfrei" durch Erklärung ist zumeist, dass die Rechteinhaber eine Nutzung durch jeden und für jeden Zweck ohne Begrenzung von weiteren Nutzungseinschränkungen und sogar unter Aufgabe der Ausübung ihrer Urheberpersönlichkeitsrechte (siehe hierzu Abschn. 5.4.1) erlauben.[6]

Faktisch liegt darin die Aufgabe des Urheberrechts. Rechtlich ist dieses jedoch im europäischen Urheberrecht nicht möglich. Das Urheberrecht kann nur durch Ablauf der Schutzfristen beendet sein.

Genaugenommen bedeutet die Deklaration „Gemeinfreiheit" oder „Public Domain", dass die Urheber mit der Kennzeichnung den Nutzenden versprechen, auf die Ausübung ihrer Urheberrechte zu verzichten. Genau genommen besteht rechtlich damit eine vertragliche Lizenz zwischen Anbieter und Nutzer. In der Praxis empfiehlt es sich, derartige Erklärungen zu den so genutzten Bildern mittels eines Screenshots zu dokumentieren.

---

[6] „Public Domain" bedeutet nach US-amerikanischem Recht Erlöschen des Urheberrechts durch Zeitablauf und die aktive Aufgabe der Urheberschaft. Letzteres ist im europäischen Urheberrecht nicht möglich.

2.4 Die Linkfreiheit

In der Regel sind Wiedergaben fremder Inhalte über die Verwendung von Hyperlinks urheberrechtlich keine Nutzungshandlung. Es bedarf also weder einer vertraglichen noch einer gesetzlichen Lizenz, wenn fremde Werke mittels Einbettungen wiedergegeben werden. Der Grund für diese Freiheit liegt nach der Rechtsprechung des EuGH darin, dass einmal eingestellte Inhalte bei einer Wiedergabe durch elektronische Verweise und Einbettungen durch Dritte die Funktion des Internets charakterisiert. Den Urheberinnen und Urhebern entstehe zudem kein unkontrollierbarer zukünftiger Schaden, denn sie können beispielweise durch Löschung ihres Ursprungsbeitrages jede weitere Wiedergabe über den Löschungszeitpunkt hinaus technisch verhindern (siehe auch Abb. 2.1).

Einschränkungen der Linkfreiheit ergeben sich jedoch dann

- wenn die über den Link wiedergegebenen Inhalte ohne Zustimmung der Urheber in das Internet gelangt sind;
- wenn mit der Verlinkung ein völlig neues Publikum, an das der Urheber bei der Veröffentlichung nicht gedacht hat, erschlossen wird. So z. B. wenn eine Bezahlschranke umgangen wird
- wenn auf einen Inhalt verlinkt wird, der nur mit Sonderwissen zu finden ist. Dieses soll regelmäßig der Fall sein, wenn die URL[7] beispielsweise zu einem Bild nicht über Suchmaschinen angezeigt wird und die URL sich aus zahlreichen Zeichenkombinationen zusammensetzt, so dass der Inhalt „versteckt" ist.

Wird über den oben gesetzten Rahmen der Linkfreiheit hinaus-gegangen, bedarf es auch für die Wiedergabe fremder Inhalte im Wege von Einbettungen der Inhalte entweder einer vertraglichen oder einer gesetzlichen Lizenz.

---

[7] URL = Uniform Resource Locator; Adresse einer Webseite.

Eine einfache Alternative der Spielweise zu den oben gezeigten, beschreibt die Fachzeitschrift *Sticks*. (5) Der Puls (erstes Triolenachtel) wird auf dem höheren Tom gespielt und die Shuffle-Note (drittes Triolenachtel) wird auf dem tiefen Tom angeschlagen. Diese "Hand to Hand" Spielweise nur auf dem tiefen Tom gespielt ist in diesem Fleetwood Mac Live-Video-Zusammenschnitt aus einer Sendung des NDR von 1969 ab Minute 38:05 zu sehen.

Abb. 2.1 Screenshot eines eingebetteten Videos, welches nach einer Beschwerde der Rechteinhaber von der Videoplattform YouTube gelöscht wurde. Problematischer wäre es für den Videonutzer mit seiner Website über musikwissenschaftliche Themen dann, wenn er das zu Unrecht in das Internet gelangte Video selber in den Content seiner Website geladen hätte

2.5 „Es ist doch nur privat!"

Entgegen eines häufig bestehenden Verständnisses ist der private Gebrauch von urheberrechtlich geschützten Werken dem Urheberrecht nicht entzogen. Vielmehr handelt es sich bei „Vervielfältigungen zum privaten und sonstigen eigenen Gebrauch" gemäß § 53 UrhG um eine gesetzliche Lizenz, nach der die Zustimmung der Rechteinhaber zur privaten Nutzung durch Fremde entfällt.

2.5.1 Private Nutzungen kann es nur durch natürliche Personen geben

Ein weiteres Missverständnis besteht häufig zum Begriff „privat". Zunächst kann eine private Nutzung nur dann vorliegen, wenn eine natürliche Person das fremde Werk nutzt. Nutzungen durch Institutionen, beispielsweise in Lehrveranstaltungen, können daher niemals private Nutzungen sein. Die Privatheit der Nutzung kann also nur im Rahmen der Verwendung von natürlichen Personen beurteilt werden.

Beispiel zum begünstigten Personenkreis

Zur Vorbereitung der Präsentation einer Lehrveranstaltung kopiert Lehrer L verschiedene Fotos aus dem Stockfoto-Account seiner Schule auf seinen Rechner. Lehrer L handelt hier im Rahmen seiner dienstlichen Tätigkeit. Die Downloads sind dem Schulträger zuzuordnen. Selbst dann, wenn Lehrer L eines der Fotos gerne als Hintergrundbild für seinen privaten Laptop nutzen möchte, ändert dieses nichts daran, dass die so erlangte Kopie keine private Nutzung sein kann. Vielmehr ist sie dem Schulträger als juristische Person zuzurechnen und damit kann sie nicht privat im Sinne des § 53 UrhG sein.

Anders ist es, wenn Lehrer L auf der Suche nach geeigneten Fotos das Internet durchforstet und als Privatperson ein Bild kopiert, weil es ihm gefällt und er einen Ausdruck hiervon in seinem Wohnzimmer aufhängen möchte.

„Privat" stellt nicht allein darauf ab, zu welchem Zweck die Kopie eines fremden Werkes verwendet wird, sondern welchen Personen das fremde Werk gezeigt wird. So ist der Begriff Öffentlichkeit des § 15 UrhG zur Beurteilung des Vorliegens von Privatheit heranzuziehen und entscheidend. Danach kann eine private Nutzung nur dann vorliegen, wenn zwischen den Nutzenden und den Personen, denen das Werk wiedergegeben wird, eine persönliche Beziehung besteht.

Beispiel

Beispiel für eine private Nutzung gemäß § 53 UrhG
Zur Geburtstagsfeier eines Biologieprofessors der Polarforschung schenken ihm zwei eng befreundete Kollegen einen Videomitschnitt aus verschiedenen Fernsehdokumentationen zu Forschungsfahrten, an denen der Jubilar mitgewirkt hat Das anschließend im engeren Bekannten- und Familienkreis der Geburtstagsfeier gezeigte Video ist eine nicht öffentliche Wiedergabe, die im Rahmen des § 53 UrhG gesetzlich lizenziert ist und einer Zustimmung der Urheber und weiterer Rechteinhabern an der Dokumentationen nicht bedarf.

Beispiel für eine öffentliche Wiedergabe
Nach der Geburtstagsfeier lädt der Biologieprofessor die für ihn zusammengestellte Dokumentation stolz in ein Forschernetzwerk hoch. Diese Zugänglichmachung ist keine private Nutzung, auch dann nicht, wenn der Professor sie nur als Geburtstagsgeschenk wiedergibt. Vielmehr werden die Zusammenschnitte der fremden Werke jetzt öffentlich wiedergegeben, denn mit der Mehrzahl der Account-Inhaber des speziellen Forschernetzwerkes ist der Professor nicht durch persönliche Beziehung verbunden (Landgericht München I, 2022).

Eine in der Praxis bedeutsame Grenze der gesetzlich erlaubten privaten Nutzung besteht darin, dass das kopierte Werk ursprünglich durch den Berechtigten Verbreitung in der Bezugsquelle gefunden haben muss. Stammen die privat genutzten Werke beispielsweise aus einer Online-Bilddatenbank und wurden von unberechtigten Personen dort eingestellt, wäre auch das Herunterladen und Nutzen dieser Werke zum privaten Gebrauch unrechtmäßig. Bekannte Fälle dieser unzulässigen privaten Nutzungen tauchen immer wieder im Zusammenhang mit Internet-Tauschbörsen auf.

2.5.2 Private Nutzungen und Cloud-Dienste

Häufig werden von natürlichen Personen zu ihren privaten Zwecken Kopien geschützter Werke in Cloud-Diensten, wie etwa Google Drive, gespeichert. Der Europäische Gerichtshof (EuGH) hat entschieden, dass sich die gesetzliche Lizenz für Privatkopien auch auf Werke erstreckt, die der Nutzer in einem Cloud-Dienst speichert.[8] Es kommt also nicht darauf an, dass der Server, auf dem die zu privaten Zwecken erstellte Kopie gespeichert ist, einem Dritten gehört.

Aber auch hier gelten die Grundsätze zur privaten Nutzung: Das kopierte Werk darf nur einem privat verbundenen Kreis zu privaten Zwecken zugänglich sein. So wäre etwa das Hochladen eines als privat vorgemerkten Fotos in die Cloud eines Dienstleisters einer Hochschule schon deshalb nicht privat, weil diese Kopie der Hochschule zuzurechnen ist. Es handelt sich ja nicht um eine Cloud, deren Speicher aufgrund eines Vertrages dem Hochladenden zur Verfügung gestellt wird, sondern dem Träger der Hochschule. Auch scheidet Privatheit aus, wenn der Kreis der Zugriffsberechtigten nicht auf einen engen privaten Personenkreis begrenzt ist.

2.6   Die Nutzung amtlicher Werke

Keinen urheberrechtlichen Schutz genießen amtliche Werke. Damit wird weder eine vertragliche noch eine gesetzliche Lizenz zur Nutzung und Verbreitung amtlicher Werke benötigt.

§ 5 „Amtliche Werke" UrhG kommt für die Wissensgesellschaft eine wichtige Funktion zu. Man denke nur an die zahlreichen Gerichtsurteile, Rechtsnormen von Bund, Ländern und Gemeinden sowie amtliche Lehrpläne.

Obwohl amtliche Dokumente und Publikationen mit Schöpfungshöhe einer Werkqualität grundsätzlich keinen Urheberschutz genießen und daher auch nicht in die Systematik der gesetzlichen Lizenzen (Schrankenregelungen) wie beispielsweise das Zitatrecht fallen, hat der Gesetzgeber die Verwendung dennoch an Regeln geknüpft: Gemäß § 5 Abs. 2 UrhG ist zu beachten, dass der Nutzer die Werke nicht verändern darf und dass die Regelungen zur Quellenangabe der §§ 62 Abs. 1 bis 3; 63 Abs. 1 und 2 UrhG „entsprechend" anzuwenden sind.

---

[8] EuGH, Urteil vom 24.März 2022, Az. C-433/20.

Nicht immer einfach ist im Einzelfall die Einstufung behördlicher Mitteilungen als amtliche Werke.

Beispiele zur Nutzung amtlicher Werke

Beispiel 1
Rechtsanwältin R schreibt regelmäßig Kommentierungen zu aktuellen Fragen des Mietrechts. Dabei greift sie auf die als Volltext erschienenen Entscheidungen der jeweiligen Gerichte zu. Bedeutsame Urteile und Beschlüsse werden in der Regel durch die Gerichtspressestelle zum Download der Allgemeinheit zur Verfügung gestellt. Rechtsanwältin R kann diese Texte ohne Lizenzerwerb frei verwenden, z. B. mittels längerer Zitate. Inhaltliche Veränderungen darf sie jedoch nicht vornehmen und sie muss die Herkunft des Urteils mittels Quellenangabe deutlich machen.

Beispiel 2
Jurastudent J lädt regelmäßig Urteile der Verwaltungsgerichte zum Baurecht herunter. Um sich das Studium finanzieren zu können, erschafft er eine Online-Datenbank mit Baurechtsentscheidungen. Nutzer dieser Datenbank können gegen Entgelt in der Datenbank Entscheidungen suchen und herunterladen. Urheberrechtlich steht dieser wirtschaftlichen Verwertung amtlicher Werke nichts entgegen.

Beispiel 3
Ein Institut für Pharmazie möchte auf seiner Publikations-Website einen Artikel über einen verstorbenen bekannten Chemiker veröffentlichen. Zur Illustration des Artikels soll eine Patentschrift des Chemikers dem Artikel beigestellt werden. Das Institut darf das im Internet gefundene Dokument ohne Zustimmung der Urheberrechtsnachfolger, der Erben des Chemikers, veröffentlichen.
Das Deutsche Patent- und Markenamt (2020) gibt zu ähnlichen Fällen eine Hilfestellung:

„Patentdokumente (Offenlegungs-, Patent- und Gebrauchsmusterschriften) sind ab dem Zeitpunkt ihrer amtlichen Veröffentlichung durch § 5 Abs. 2 Urheberrechtsgesetz (UrhG) vom urheberrechtlichen Schutz ausgenommen. Allerdings müssen Sie bei einer Veröffentlichung die Quelle richtig zitieren. Die Pflicht zur Quellenangabe umfasst dabei die Nennung der Behörde und der Fundstelle. Ein Patentdokument zitieren Sie zum Beispiel wie folgt: DE 27 03 353 A1 oder DE 10 2005 051 128 B4. Weitere Zitierbeispiele finden Sie in der Veröffentlichung DPMAinformativ Nr. 3 (IPIA). Sie dürfen den Text und den

Titel sowie die Abbildungen und den Namen des Patentanmelders nicht verändern. (vgl. § 62 Abs. 1 S.1 und 2 i.V.m. § 39 UrhG: Änderungsverbot und § 63 Abs. 1 und 2 UrhG Quellenangabe)."

Literatur

Deutsches Patent- und Markenamt (05.06.2020): Fragen rund um das Patent, https://www.dpma.de/patente/faq/index.html. Zugegriffen: 31.06.2022

Landgericht München I, Pressestelle (04.02.2022): Verbot der Zugänglichmachung verlagsgebundener Fachartikel in Forschernetzwerk, https://www.justiz.bayern.de/gerichte-und-behoerden/landgericht/muenchen-1/presse/2022/5.php. Zugegriffen: 28.06.2022

Weitzmann, John (20.12.2018): Kulturerbe für alle, aber nicht im Netz, Wikimedia Deutschland., https://blog.wikimedia.de/2018/12/20/urteil-zu-gemeinfreierkunst-kulturerbe-fuer-alle-aber-nicht-im-netz/. Zugegriffen: 19.08.2022

3

Urheberrechtliche Schranken zur Förderung der Wissensgesellschaft

Was Sie aus diesem Kapitel mitnehmen

Sie erfahren, wie der Gesetzgeber die Einschränkung der Rechte der Urheber zur Förderung der Wissensgesellschaft mittels Bildungs- Kunst- und Wissenschaftsschranken geregelt hat. Sie erhalten einen Überblick zu den wichtigsten Erlaubnissen zur Nutzung fremder Videos, Grafiken und Fotos. Sie erfahren, wann Sie zur Ausübung der Kunst- und Meinungsfreiheit fremde Inhalte zur Erstellung von „Memes" verwenden dürfen. Sie können sich über die speziellen Bedingungen bei der Herausgabe von Pressespiegeln informieren.

Eine Besonderheit des Urheberrechts ist, das es nicht nur umfangreich die Rechte der Urheber und Urheberinnen sowie weiterer Rechteinhaber regelt, sondern auch die Grenzen der Rechtsausübung durch Inhaber von Urheberrechten und Urheberrecht ähnlichen Stellungen (Leistungsschutzrechten) bestimmt.

Diese Grenzen, sogenannte Schranken, begrenzen die Rechteinhaber bei der freien Verwertung ihrer Werke und begünstigen Fremde für bestimmte Nutzungen, die vom Gesetzgeber als besonders förderungswürdig angesehen werden.

Die Schranken der Rechte bestehen aus dem Gedanken der Sozialbindung des geistigen Eigentums. Zugunsten der zunächst politisch
geförderten Ziele zur gesellschaftlichen Entwicklung werden also die
wirtschaftlichen Interessen sowie die Vertragsfreiheit einzelner Rechteinhaber durch *Schrankenbestimmungen* zurückgestellt. Ein stetig bedeut-
sameres, von der Sozialbindung umfasstes Ziel ist der Fortbestand und
die Entwicklung von Wissenschaft, Forschung und Lehre. In diesen
Bereichen wird die Privatautonomie der Urheber und Urheberinnen
gesetzlich begrenzt.

3.1   Die Schranken der Rechtsausübung

Der Gesetzgeber hat sogenannte *Bildungs- und Wissenschaftsschranken*
vorgesehen. Diese sollen gewährleisten, dass die Verbreitung und
Nutzung von Wissen nicht durch die Urheberrechte einzelner Personen
erschwert oder sogar vereitelt wird. Die Individualinteressen müssen
hinter den Interessen des Gemeinwohls zurückstehen.

Das soziologische und politische Konzept der Wissensgesellschaft
hat so Eingang in das Urheberrecht gefunden. Die Regelungen hierzu
sind im Laufe der Jahre durch Urheberrechtsreformen immer wieder
angepasst und ausgeweitet worden.

> **Beispiel der Sozialbindung des Urheberrechts zur Publikation in Forschung und Lehre**
>
> Im Rahmen eines wissenschaftlichen Beitrags über Bildmanipulationen will der Autor den Beweis erbringen, dass das preisgekrönte Werk der Fotoreporterin B „gestellt" wurde und Inhalte nachträglich durch Bildbearbeitung manipuliert wurden. Nicht zu erwarten ist, dass der Autor hier die Zustimmung der Rechteinhaber zur Nutzung des Fotos erhält. Da der Autor seine Gedanken und Forschungen zum Foto der B jedoch nur über das Zeigen dieses Fotos in seiner Arbeit verständlich und belegbar darstellen kann, soll das Urheberrecht der Fotografin die plausible Darstellung der geistigen Leistung des Autors nicht vereiteln. Der Autor kann sich hier auf das Zitatrecht gemäß § 51 UrhG berufen. Die Fotoreporterin hat die Veröffentlichung ihres Fotos ohne ihre Zustimmung durch A zu dulden.

3.1.1 Die Grenzen der Schranken

Die im Zuge der politischen Willensbildung und dann vom Gesetzgeber bestimmten Schranken der Rechtsausübung der Rechte von Urheberinnen und Urhebern führt zu den sogenannten Schrankenbestimmungen. Diese manifestieren sich in gesetzlichen Lizenzen zur verschiedenen Nutzung fremder Werke und Leistungen. Gesetzliche Lizenzen erlauben die Nutzung fremder Werke ohne die Zustimmung der Rechteinhaber.

Ein Wesenszug unserer Rechtsordnung ist das Bemühen um Interessenausgleich. So dürfen auch die Schranken der Rechtsausübung der Urheberinnen und Urheber nicht grenzenlos sein. Juristen sprechen dann von Schranken der Schranke. Gemeint ist damit, dass die Einschränkung des individuellen Urheberrechts zugunsten des Gemeinwohls wiederum Grenzen hat. Wie sind diese Grenzen zu erfassen?

Bei der Anwendung und Auslegung einer Schranke bestimmen sich deren Grenzen nach drei Grundsätzen:

I. die Beschränkung der Rechte der Urheber und Urheberinnen ist nur in bestimmten Sonderfällen möglich. Der Grundsatz der Privatautonomie und des Schutzes des geistigen Eigentums darf nicht ausgehöhlt werden.

II. die Sonderfälle dürfen der „normalen" Verwertung nicht im Wege stehen. Das Werk muss z. B. verkehrsfähig bleiben, so dass der Schöpfer auch wirtschaftlich handeln kann.

III. die Verwertung durch Fremde unter Berufung auf gesetzliche Lizenzen darf kein unzumutbarer Eingriff in die berechtigten Interessen der Urheberinnen und Urheber darstellen.

Dieser Drei-Stufen-Test (siehe auch Abb. 3.1) wird zunächst in der Rechtsetzung von gesetzlichen Lizenzen beachtet. Er ist auch bedeutsam, wenn es um die Auslegung individueller Einzelfälle z. B. vor Gericht geht.

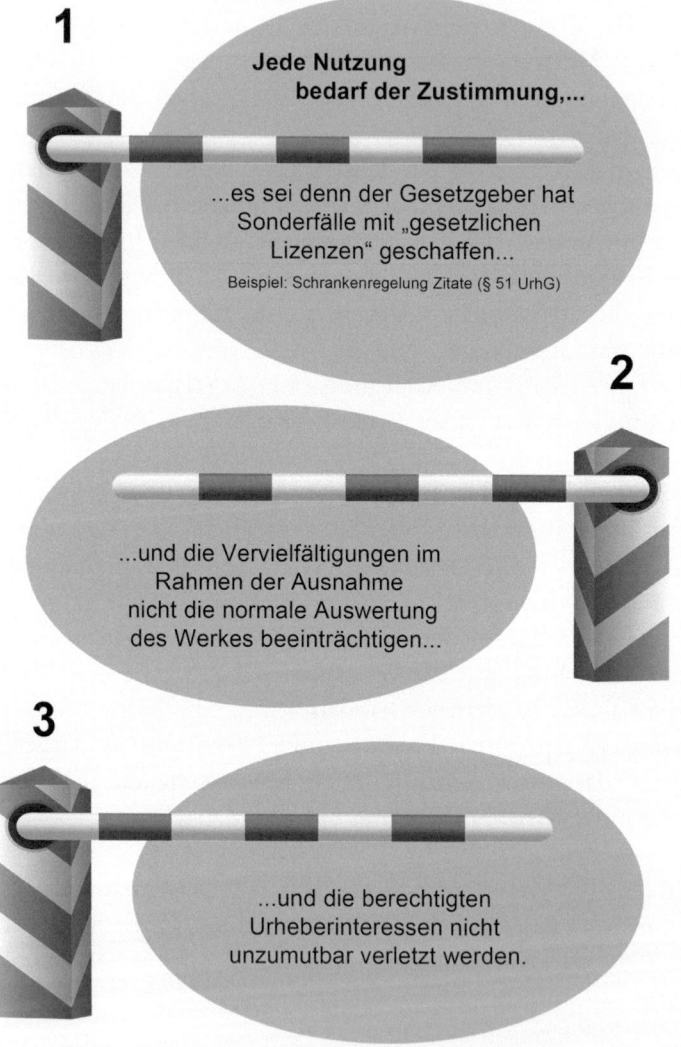

Drei-Stufen-Test (Urheberrecht)

Ausgestaltung von Schranken durch den Gesetzgeber, aber auch Maßstab zur Anwendung im Einzelfall

1

Jede Nutzung bedarf der Zustimmung,...

...es sei denn der Gesetzgeber hat Sonderfälle mit „gesetzlichen Lizenzen" geschaffen...

Beispiel: Schrankenregelung Zitate (§ 51 UrhG)

2

...und die Vervielfältigungen im Rahmen der Ausnahme nicht die normale Auswertung des Werkes beeinträchtigen...

3

...und die berechtigten Urheberinteressen nicht unzumutbar verletzt werden.

Abb. 3.1 Die Abbildung zeigt die Schritte bei der Prüfung der Schranken der Rechtsausübung im Urheberrecht

Definition Lizenzen

Unter Lizenz ist die Erlaubnis ein fremdes Werk, zum Beispiel eine Grafik, nutzen zu dürfen zu verstehen.

Gesetzliche Lizenzen: Wird im Rahmen einer Schrankenregelung die Nutzung eines fremden Werkes ohne die Zustimmung der Berechtigten erlaubt, spricht man auch von gesetzlichen Lizenzen. Das Gesetz erlaubt hier die Nutzung.

Vertragliche Lizenzen: Bestehen dagegen Absprachen zwischen Urheber und Verwender über die Nutzung des Werkes, werden die Vereinbarungen vertragliche Lizenzen genannt. Auch die sogenannten Open-Content-Lizenzen gehören zu den vertraglichen Lizenzen. Open-Content-Lizenzen sind Erlaubnisse der Urheber an eine unbestimmte Zahl von Nutzern zur vergütungsfreien Verwendung. Je nach Lizenzart bestehen aber Nutzungsbedingungen, die der Urheber im Rahmen vorgefertigter Nutzungsabstufungen einzuhalten hat. Verbreitet sind hier insbesondere die Creative-Commons-Lizenzen.

3.2 Die wichtigsten gesetzlichen Lizenzen zur Bildnutzung im Überblick

Das Urheberrechtsgesetz enthält eine Reihe von allgemeinen gesetzlichen Lizenzen, die Verwendungen ohne die Zustimmungen der Rechteträger auch von Bildern erlauben. Nachfolgend sind diese Privilegierungen, die aus der Sicht des Rechteinhabers sogenannte Schrankenregelungen darstellen, mit Text- und Bildbeispielen dargestellt. Einen schnellen Überblick zu den wichtigsten gesetzlichen Lizenzen verschafft Ihnen die Abb. 3.2.

3.2.1 Das Zitatrecht

Eine der wichtigsten, aber häufig missverstandenen gesetzlichen Lizenzen stellt das Zitatrecht nach § 51 UrhG dar. Der Gesetzgeber hat inzwischen klargestellt, dass im Rahmen der strengen Regelungen des § 51 UrhG auch Reproduktionen der zitierten Abbildung genutzt werden dürfen. Dieses ist bedeutsam, da an einer Reproduktion wiederum Schutzrechte bestehen können und darüber die gesetzliche

Wichtige gesetzliche Lizenzen u. a. zur Förderung der Wissensgesellschaft - Nutzung von Grafiken, Videos und Fotos

ERLAUBNIS- UND VERGÜTUNGSFREI	ERLAUBNISFREI - VERGÜTUNGSPFLICHTIG
Amtliche Werke (§ 5 Abs. 1 UrhG)*	Sammlungen für den religiösen Gebrauch (§ 46 UrhG)
Vorübergehende Vervielfältigungen (§ 44a UrhG)	Zeitungsartikel (§ 49 UrhG)
Berichterstattung über Tagesereignisse (§ 50 UrhG)	Öffentliche Wiedergabe (§ 52 UrhG)
Zitate (§ 51 UrhG)	Vervielfältigung zum privaten Gebrauch (§ 53 UrhG)
Karikatur, Parodie und Pastiche (§ 51a UrhG)**	Unterricht und Lehre (§ 60a UrhG)
Benutzung eines Datenbankwerkes (§ 55a UrhG)	Unterrichts- und Lehrmedien (§ 60b)
Unwesentliches Beiwerk (§ 57 UrhG)	Wissenschaftliche Forschung (§ 60c)
Werbung für Werke (§ 58 UrhG)	Bibliotheken (§ 60e)
Werke an öffentlichen Plätzen (§ 59 UrhG)	Archive, Museen u. Bildungseinrichtungen (§ 60f UrhG)
Bildnisse (§ 60 UrhG)	Verwaiste Werke (§ 61)

* Sonderfall der gesetzlichen Lizenz. Grenzen und Pflichten sind **entsprechend** gesetzlicher Lizenzen anzuwenden: Quellenangabe , Änderungsverbot ** Bei Nutzungen in sozialen Netzwerken besteht eine Vergütungspflicht der Netzbetreiber

Abb. 3.2 Die Grafik zeigt eine Auflistung vergütungsfreier gesetzlicher Lizenzen in der linken Spalte. Die rechte Spalte zeigt die vergütungspflichtigen gesetzlichen Lizenzen. Die Vergütungen erfolgen nicht zwischen Rechteinhaber und Nutzer direkt, sondern durch Einzug über die Verwertungsgesellschaften. Diese schütten die so erzielten Einnahmen nach Abzug ihrer Verwaltungsgebühren nach bestimmten Schlüsseln an die Rechteinhaber aus. Der Vollständigkeit halber ist der rechten Spalte noch das "Text- und Data Mining zum Zwecke der wissenschaftlichen Forschung" (§ 60d UrhG) hinzuzufügen. Diese Privilegierung dürfte jedoch für Grafiken, Videos und Fotografien nicht so bedeutsam sein wie für Texte (siehe Abschn. 6.4)

Nutzung des zitierten Bildes durch die Rechteinhaber an einer Reproduktion vereitelt werden kann (siehe § 51 Abs. 3 UrhG).

Beispiel Gemäldereproduktionen

Doktorandin der Kunstgeschichte D schreibt über eine bestimmte Epoche und möchte verschiedene Werke dieser Zeit und Stilistik als wegweisend besprechen. Die Originale, teils gemeinfrei, teils aber auch noch urheberrechtlich geschützt, befinden sich in verschiedenen Museen. D lädt Fotos der zu besprechenden Werke über verschiedene Quellen, wie z. B. Museumswebseiten und Wikimedia, aus dem Internet herunter und verwendet diese in ihrer Arbeit.

Selbst dann, wenn die Reproduktion der Exponate eines Museums oder einer anderen Institution nicht nur als Lichtbild, sondern als Lichtbildwerk mit dem vollen urheberrechtlichen Schutz einzustufen ist und verwendet wird, müssen die Rechteinhaber die Nutzung aufgrund des Zitatrechts dulden (siehe ausführlich zu Gemälde-Reproduktionen Abschn. 2.2.2).

Die Voraussetzungen des Bildzitates sind erfüllt, wenn

- das zitierte Bild zuvor vom Urheber selbst oder einem vom Urheber autorisierten Rechteinhaber veröffentlicht wurde,
- der Umfang des Bildzitates gerechtfertigt ist,
- das als Zitat wiedergegebene Bild zur selbständigen, wissenschaftlichen Arbeit
- und zur Erläuterung des Inhaltes dieser Arbeit erforderlich ist.

Die nachfolgende Abb. 3.3 zeigt ein Beispiel zu den bedeutsamen Voraussetzungen Zitatzweck und Belegfunktion.

Zusatzinformationen zu den Pflichten des Lizenznehmers

Bestehen die Voraussetzungen zum rechtmäßigen Zitieren, hat der Gesetzgeber daran Pflichten geknüpft. Zunächst sind Urheberinnen und Urheber der zitierten Werke anzugeben (§ 13 UrhG „Anerkennung der Urheberschaft"). Weiter und häufig übersehen besteht die Pflicht zur Quellenangabe (§ 63 UrhG „Quellenangabe"). Wird beispielsweise ein Bildzitat verwendet, welches sich in der Online-Bildersammlung eines zeitgeschichtlichen Bildarchives befindet, so ist dieses ebenso wie die Urheberschaft als Quelle zu benennen.

Beispiel zum Zitatrecht – Zitatzweck und Belegfunktion

Lehr-DVD des Jazz Schlagzeugers A

Musikwissenschaftler B publiziert auf seiner Website einen allgemeinen Artikel über Swing-Rhythmik und gibt einen kurzen Ausschnitt der DVD wieder

B kann sich nicht auf das Zitatrecht berufen, da der gezeigte Ausschnitt ein beliebiges Beispiel zur Beschreibung des Swing-Rhythmus darstellt. Es fehlt an einer Auseinandersetzung, die sich gerade auf die Spielweise des A bezieht.

Lehr-DVD des Jazz-Schlagzeugers A

Musikwissenschaftler B publiziert auf seiner Website einen Artikel über die spezielle Jazzbesen-Technik des Schlagzeugers A

B kann sich dann auf das Zitatrecht berufen, wenn er sich gerade mit der Spieltechnik des Schlagzeugers A befasst und B dabei seine eigenen Gedanken und Erkenntnisse mittels der Video-Sequenz aus der DVD des A verständlich und belegbar macht.

Abb. 3.3 Ein Bildzitat ist zulässig, wenn die Nutzenden sich erörternd mit dem individuellen Bildinhalt befassen. Nicht rechtswirksam werden Bilder zitiert, wenn sie lediglich zur ausschmückenden Illustration eines Textes dienen und damit beliebig sind

Eine Vergütungspflicht gegenüber dem Zitierten besteht nicht. Ebenso besteht keine gesetzliche Vergütungspflicht gegenüber den Personen, die das Werk reproduziert haben. Eine solche Pflicht kann sich jedoch aus vertraglichen Nutzungsbestimmungen (AGB), etwa bei Bezug des Bildes über eine Bildagentur, ergeben.

3.2.2 Bearbeitungen, Umgestaltungen, Montagen und Collagen

Grundsätzlich sind Bearbeitungen und Umgestaltungen fremder Werke nur mit der Zustimmung der Rechteinhaber möglich. Eine Ausnahme von diesem Grundsatz besteht dann, wenn das neu geschaffene Werk „einen hinreichenden Abstand zum benutzten Werk" aufweist (§ 23 Abs. 1 UrhG).

Die nachfolgende Grafik Abb. 3.4 zeigt eine Umgestaltung durch Bildbearbeitung. Sobald die Bildbearbeitung über das technisch erforderliche Maß zur Wiedergabe des Bildes hinausgeht, liegt eine zustimmungspflichtige Umgestaltung vor.

Häufig werden aus fremden Bildern Elemente übernommen und zu einem neuen Bild montiert (siehe Abb. 3.5). Auch für diese Fotomontagen und Collagen gilt, dass sie der Zustimmung der Rechteinhaber an den einzelnen Bildelementen bedürfen. Stellt die Collage oder Fotomontage ein völlig neues Werk mit Abstand zu den Elementen der fremden Werke dar, gilt ausnahmsweise die gesetzliche Lizenz des § 23 UrhG.

3.2.3 Karikatur, Parodie und Pastiche

Mit dem neuen Paragraphen 51a UrhG will der Gesetzgeber klarstellen, dass insbesondere die Ausübung der Meinungsfreiheit durch sogenannte „Memes" in sozialen Netzwerken erleichtert wird (siehe nachfolgendes Beispiel). Zur Ausübung der Kunstfreiheit erlaubt § 51a UrhG nunmehr auch die humoristische Nachstellung geschützter, fremder Kunst.

Vorsicht

Um einem schwerwiegenden Missverständnis vorzubeugen: Die gesetzlichen Lizenzen beziehen sich auf die Nutzung urheberrechtlich geschützter Werke, aber niemals auf die Nutzung von Personenabbildungen. Diese beurteilen sich nach den Datenschutzgesetzen, dem Kunsturheberrechtsgesetz und den Grundsätzen zum Allgemeinen Persönlichkeitsrecht.

Beispiel einer in den Bildinhalt eingreifenden Bearbeitung eines fremden Fotos

Fremdes Original

„Strandhotel"

Bearbeitung des
fremden Fotos

Umwandlung in
Graustufen und Licht in
ein Fenster hinzugefügt

Auch wenn im Auge des Betrachters die Bildaussage des Originals verstärkt wird, stellt die Veränderung des ursprünglichen Fotos einen Eingriff in die Rechte des Urhebers dar, der seiner Zustimmung bedarf.

Abb. 3.4 Der Urheber oder die Urheberin des hier gezeigten Fotos „Strandhotel" muss die Veränderung des Werkes „Strandhotel" nicht dulden. Selbst dann nicht, wenn die Bildaussage durch den Bildbearbeiter verstärkt wird

Ebenso ist äußerste Vorsicht geboten, wenn beispielsweise fremde Marken, Firmen- und Produktnamen, Logos und Produkte im Bild zu sehen sind. Was der Privatperson wettbewerbsrechtlich noch erlaubt sein mag, kann bei Unternehmen und öffentlichen Einrichtungen die „rote Linie" schon mehr als deutlich überschritten haben.

Beispiel einer Fotomontage mit hinreichendem Abstand zu den fremden Werken (Elementen). Es besteht eine „gesetzliche Lizenz". Die Zustimmung der Rechteinhaber ist nicht erforderlich.

Collage „Land unter"

Montagematerial

7 verschiedene maritime Motive

Beispiel-Element: Mütze

aus einer Zigarettenreklame

Beispiel einer Fotomontage ohne hinreichenden Abstand zu den fremden Werken. Es besteht keine „gesetzliche Lizenz". Die Zustimmung der Urheber der fremden Werke „Sonnenuntergang" und „Segelyachten vor Anker" ist erforderlich.

Montage „Sonnenuntergang"

Montagematerial 1

Sonnenuntergang an der Nordsee

Montagematerial 2

zwei ankernde Segelyachten

Abb. 3.5 Die Beispiele zur Fotomontage bzw. Collage zeigen, dass die Einschätzung des hinreichenden Abstandes zu den Originalwerken und damit das Vorliegen einer gesetzlichen Lizenz stets nur unter Betrachtung der jeweiligen Werke möglich ist

Nicht sofort erschließt sich die Bedeutung der Kulturförderung dieser neuen gesetzlichen Lizenzen. Die EU-Rechtsetzung begründete die Pflichten zur Einführung der nun in § 51a UrhG verankerten

Erlaubnisse ausdrücklich mit dem Schutz der Meinungs- und Kunst-freiheit. So sollen die gesetzlichen Erlaubnisse mit Blick auf die neuen elektronischen Medien gelesen werden. Zitierende, imitierende und anlehnende Kulturtechniken seien ein prägendes Element des zeitgemäßen kulturellen Schaffens und der Kommunikation in sozialen Netzwerken. Hierbei soll insbesondere an die Praktiken wie Remix, Meme, GIF, Mashup, Fan Art, Fan Fiction und Sampling gedacht werden.[1]

Bei der Berufung auf die urheberrechtliche Lizenz kraft § 51a UrhG ist für öffentliche Einrichtungen als Grundrechtsverpflichtete zu über-legen, ob diese hier zum Kreis der Privilegierten gehören. Denn Sinn und Zweck des § 51a UrhG ist die Erleichterung der Meinungs- und Kunstfreiheit. Behörden jedoch sind im Rahmen ihrer Kommunikation in der Regel nicht Träger dieser Grundrechte.

Nach der hier vertretenen Auffassung können die gesetzlichen Lizenzen des § 51a UrhG gerade kein Freibrief für die Öffentlichkeits-arbeit und Selbstdarstellung behördlicher Aktivitäten sein. Auch aus verfassungsrechtlichen Gründen bestehen Bedenken: Denn Behörden sind zur Sachlichkeit und Neutralität verpflichtet. Ein geringer Anwendungsspielraum der oben beschriebenen gesetzlichen Lizenzen ergibt sich jedoch für die Institutionen, die als partielle Grundrechts-träger der Meinungs- und Kunstfreiheit zur Wahrnehmung ihrer gesetz-lich bestimmten Kompetenzen kommunizieren dürfen. Hierbei wäre z. B. an die Öffentlichkeitsarbeit über künstlerische Aktivitäten einer staatlichen Kunsthochschule zu denken (Eggers, 2020).

> **Definitionen Karikatur, Parodie, Pastiche und „Meme"**
>
> **Karikatur:** Eine Karikatur beinhaltet meist eine Zeichnung oder andere bildliche Darstellung, die durch satirische Hervorhebung oder über-zeichnete Darstellung bestimmter charakteristischer Züge eine Person, eine Sache oder ein Geschehen der Lächerlichkeit preisgibt.

---

[1] Gesetzentwurf der Bundesregierung zur Anpassung des Urheberrechts an die Erfordernisse des Digitalen Binnenmarkts.

Parodie: Für die Parodie ist charakteristisch, dass sie von Humor oder Verspottung getragen ist. Die humoristische oder verspottende Auseinandersetzung muss sich dabei nicht auf das ursprüngliche Werk selbst beziehen. Sie kann z. B. auch einer dritten Person, einem anderen Werk oder einem gesellschaftlichen Sachverhalt gelten.

Pastiche: Der Begriff Pastiche bezeichnet ursprünglich eine stilistische Nachahmung. Wie etwa das Malen im Stil eines berühmten Vorbildes. Im Vordergrund steht die Imitation des Stils. Der Pastiche im Sinne des Urheberrechts muss eine Auseinandersetzung mit dem nachgeahmten Werk erkennen lassen. Anders als bei der Parodie und der Karikatur kann beim Pastiche auch ein Ausdruck der Wertschätzung oder Ehrerbietung für das Original enthalten sein.

„Meme": Als ein Meme werden humoristische und satirische Darstellungen bezeichnet, die sich über das Internet verbreiten. Meist handelt es sich dabei um selbst erstellte Montagen aus fremden Werken. Diese werden dabei aus ihrem ursprünglichen Kontext gerissen. Karikaturen, Parodien und Pastiche, die sich über das Internet verbreiten, können mit dem Oberbegriff Memes erfasst werden. Als Beispiel siehe Abb. 3.6.

Abb. 3.6 Was der eine lustig findet, mag den anderen nur verärgern. Dennoch zeigt das Bildbeispiel mit seiner parodistischen Übertreibung der juristischen Arbeit ein „Meme", mit dem die Wiedergabe der geschützten Umschlaggestaltung eines Urheberrechtskommentares gerechtfertigt ist. Auch Aristoteles, wäre er nicht schon so lange verstorben, müsste kraft Gesetz dulden, dass sein geistreicher Spruch in einer mehr oder weniger geschmackvollen Gestaltung ungefragt veröffentlicht wird

Zusatzinformation zu den Pflichten des Lizenznehmers

Anders als im Zitatrecht beinhalten die Regelungen zum neuen § 51a UrhG „Parodie, Karikatur und Pastiche" keine Regelungen zur verpflichtenden Quellenangabe der benutzten und veränderten Originalbilder. Der EuGH hat klargestellt, dass es für die Zulässigkeit der Parodie nicht darauf ankommen kann, dass das parodierte Werk angegeben wird.[2] Im Gesetzentwurf der Bundesregierung zum neuen § 51a UrhG wird knapp mitgeteilt, dass der Rechtsgedanke des EuGH auch auf die Karikatur und den Pastiche zu übertragen sei.

Bei einfachen Collagen und Montagen, die keine Schöpfungshöhe erreichen, ist zu überlegen, ob die Anerkennung der (Mit-)Urheberschaft gemäß § 13 UrhG zu beachten ist.

Eine Vergütungspflicht gegenüber den Urheberinnen und Urhebern, deren Werke im Rahmen von Karikaturen, Pastiche und Parodien ungefragt zu Montagen zusammengefügt und veröffentlicht werden können, ist nicht vorgesehen.

Die neuen Befugnisse des § 51a UrhG als so genannte Schrankenregelung zu Gunsten der belustigenden Internetkommunikation erscheinen uferlos. Diese Einschränkungen insbesondere der Urheberpersönlichkeitsrechte werden durch zukünftige Rechtsprechung ihrerseits konkretisierende Einschränkungen erfahren.

Ein erstes Urteil zu einer nicht mehr durch die gesetzliche Lizenz „Karikatur, Parodie und Pastiche" gedeckte Bildnutzung hat das Landgericht München zu einer Verwendung durch den Kreisverband einer Partei auf ihrem Facebook-Account gefällt.[3]

„Die Beklagte hatte ein Lichtbild des klagenden Berufsfotografen am 30.09.2020 auf ihrem Facebook-Profil veröffentlicht. Hierbei hatte sie einen kleinen Bereich des linken oberen Randes der Aufnahme durch den Schriftzug „Ein Bild sagt mehr als tausend Worte!" überdeckt. Hiergegen wandte sich der Kläger mit Erfolg. Das Bild zeigt eine Aufnahme des Aktionskünstlers „bird berlin", welche am 29.09.2018 im Rahmen einer Protestaktion gegen eine Wahlveranstaltung des Kreisverbandes der

---

[2] EuGH, Urteil vom 3. September 2014, Az. C-201/13.
[3] LG München, Urteil vom 20. Juni 2022, Az. 42 S. 231/21.

beklagten Partei in Nürnberg-Schwabach entstanden war." (Landgericht München, 2022)

In der Pressemitteilung des Landgerichts zur Entscheidung wird ausgeführt:

> „In Abgrenzung zum unzulässigen Plagiat müssen Parodien, Karikaturen und Pastiches wahrnehmbare Unterschiede zum Originalwerk aufweisen. Im hiesigen Fall sei das streitgegenständliche Lichtbild des Klägers in der Verwendung der Beklagten nahezu identisch übernommen worden. Durch die Überschrift „Ein Bild sagt mehr als tausend Worte!", welche das Lichtbild lediglich am linken oberen Eck geringfügig überdecke, seien keine wahrnehmbaren Unterschiede zwischen der Verwendung der Beklagten als möglicher Parodie und dem parodierten Werk zu erkennen. Aus den gleichen Gründen liege hier auch keine Karikatur oder die Stilfigur des Pastiche vor."[4]

Ob die mit der Grafik Abb. 3.7 gezeigte „Gestaltung" mit mehr Text einnehmenden Raum im Bild zu einem anderen Ergebnis führt? Nach der hier vertretenen Ansicht, werden in diesem Beispiel die Grenzen der gesetzlichen Lizenz zur Nutzung der Vorlage „Windräder" überschritten.

3.2.4 „Panoramafreiheit"

Immer dann, wenn urheberrechtlich geschützte Architektur oder andere Kunstwerke im Bild zu sehen sind, stellt sich die Frage, ob zum Abfotografieren und zur Wiedergabe dieser fremden Werke die Zustimmung der Rechteinhaber erforderlich ist. Hier geht die Lizenzprüfung in zwei Richtungen: Wurde eine Lizenz zur Nutzung von der Fotografin des Fotos, welches das Bauwerk oder die Kunst zeigt, erworben und wurde eine Lizenz zur Wiedergabe der fremden abgebildeten Werke erworben.

---

[4] LG München, Urteil vom 20. Juni 2022, Az. 42 S. 231/21.

Wenn der Wind des Wandels weht, bauen die Einen Schutzmauern, die Anderen bauen Windmühlen.

Chinesische Weisheit

Abb. 3.7 Dieses Bild zeigt ein „Meme", bei dem der Verfasser sich des fremden Werkes "Windrad" bedient und es mit einem Spruch versieht, der sich in dem hier gezeigten Kontext für den Ausbau der Windenergie ausspricht. Dies geschieht jedoch nicht humorvoll, so dass die Privilegierungen der Karikatur oder Parodie nicht bestehen. Auch ein Pastiche scheidet aus, da in diesem "Meme" gerade nicht die Auseinandersetzung mit dem genutzten Werk "Windrad" stattfindet

Grundsätzlich sieht das Urheberrecht vor, dass auch die zweidimensionale Abbildung fremder Kunst der Zustimmung der jeweiligen Künstlerinnen und Künstler bedarf. Eine wichtige Ausnahme zur Zustimmungsfreiheit der Abbildung und Wiedergabe fremder Werke beinhaltet § 59 UrhG. Danach ist es in Deutschland möglich, fremde Werke, die im öffentlichen Raum wahrnehmbar sind, aus diesem Raum heraus abzufotografieren und zu verwerten (siehe auch Beispielbild Abb. 3.8).

Zusatzinformation Drohnen-Fotografie und Urheberrecht
Mit der Zunahme der Nutzung von Kameradrohnen zur Erstellung von Luftaufnahmen tauchen auch zunehmend Urheberrechtsstreitigkeiten über die Geltung von Panoramafreiheit bei derartigen Fotografien auf. Hat die Recht-

Beispiel zur „Panoramafreiheit"

Geschützte Architektur

Die Gestaltung dieses Bauwerkes ist das Ergebnis einer geistigen Schöpfung und damit ist grundsätzlich auch das rechtmäßige Abfotografieren und Veröffentlichen von einer Lizenzierung durch die Rechteinhaber dieser Schöpfung abhängig.

Motiv Strandrestaurant

Kamerastandpunkt

Das Restaurant wurde von dem für die Öffentlichkeit zugänglichen Strand des Stadtteils Kiel-Schilksee aus fotografiert. Dabei wurde die Perspektive eines „normalen" Strandbesuchers eingenommen.

In diesem Beispiel kann das geschützte Bauwerk ausnahmsweise ohne die Zustimmung der Rechteinhaber der Gestaltung des Bauwerkes fotografiert und veröffentlicht werden. Es besteht die gesetzliche Lizenz „Panoramafreiheit".

Abb. 3.8 Beispiel zur so genannten Panoramafreiheit. Dieses Bauwerk ist nicht etwa Opfer einer Sturmflut, sondern die geschützte schöpferische Leistung der Mitarbeitenden eines Architektenbüros. Wichtig ist, dass das Strandcafé von einer der Öffentlichkeit zugänglichen Stelle aus fotografiert wurde. Würde das Strandcafé von einem privaten Nachbargrundstück aus oder schon auf dem Grundstück des Strandcafés zum Fotomotiv, wäre die Zustimmung der Gestalter dieses Bauwerkes zur Anfertigung und Verwertung des Fotos notwendig

sprechung früher ausdrücklich betont, dass die Abbildungsfreiheit im Sinne des § 59 UrhG nur dann besteht, wenn die fremden Werke ohne Hilfsmittel aus der Perspektive eines durchschnittlichen Passanten aus dem öffentlichen Raum heraus fotografiert werden. Für Aufsehen sorgte eine Entscheidung des Landgerichts Frankfurt vom 25.11.2020, mit der einem Fotografen, der ein geschütztes Bauwerk mit einer Kameradrohne fotografiert und verwertet hatte, die gesetzliche Lizenz „Panoramafreiheit" zugesprochen wurde.[5] Das Gericht war der Meinung, dass der Luftraum öffentlich sei und, überspitzt gesagt, die Kameradrohne zur ganz normalen Ausrüstung eines Passanten gehöre. Spannend wird es, ob sich diese Rechtsprechung durchsetzt.

3.2.5 Unwesentliches Beiwerk

Ähnlich wie bei der Panoramafreiheit stellt sich neben der Lizenzierung des Fotos als fremdes Werk zusätzlich die Frage nach einer zweiten Lizenz. Diese könnte dann erforderlich sein, wenn fremde geschützte Werke in einer Abbildung sichtbar werden. Werden fremde Werke, für die die Bedingungen der Panoramafreiheit nicht bestehen, abgebildet, kann unter Umständen die Regelung des § 57 UrhG „unwesentliches Beiwerk" eine gesetzliche Erlaubnis zur Abbildung und Nutzung schaffen (siehe auch Beispiele der Abb. 3.9).

3.2.6 Berichterstattung über Tagesereignisse

Nicht selten betreiben Institute, die sich mit einem bestimmten Zeitgeschehen befassen, Onlineportale zur eigenen Berichterstattung über aktuelle politische, kulturelle und wissenschaftliche Entwicklungen.

> **Beispiel zur Berichterstattung der „Nicht-Presse"**
>
> Eine Forschungsstelle zur Erfassung zeitgeschichtlicher und politischer Strömungen in Skandinavien betreibt ein Onlineportal zur Verbreitung, Kommentierung und Einschätzung sozialpolitischer Entscheidungen der skandinavischen Länder, welches in die Website des Instituts eingebunden ist. Das Institut übernimmt dabei aktuelle Meldungen auch mit Fotos aus der Tagespresse.

---

[5] LG Frankfurt, Urteil vom 25. November 2020, Az. 2-06 O 136/20.

Beispiel zum „unwesentlichen Beiwerk"

Gemälde als Beiwerk

A schreibt eine Abhandlung über die Energieeffizienz von Holzhäusern. Zur Auflockerung seines Textes nutzt er ein Wohnraumfoto eines Holzhauses. Im Wohnzimmer schmückt ein Gemälde des Malers Jan Erbin Pfohl die Wand.

Gemälde als Gestaltungselement – Kein Beiwerk

A schreibt eine Abhandlung über den Heizwert von Holz und die Umweltverträglichkeit von Kaminöfen. Als „Symbolbild" komponiert er ein Gemälde des Malers Jan Erbin Pfohl im Haus eines Bekannten in das Kaminidyll.

Die Bildgestaltung des Wohnraum-Übersichtsfotos lässt erkennen, dass es dem Fotografen A nicht um die Wiedergabe des fremden Gemäldes ging. Vielmehr ist das Gemälde zufällig in das Fotomotiv des A geraten. Auch ist das Gemälde für die Aussage des Fotos unbedeutend. Damit muss der Künstler dulden, dass sein Werk ohne seine Zustimmung veröffentlicht wird. Es greift die Beiwerkregel des § 57 UrhG.

Das untere Foto zeigt, dass das Gemälde gestaltungsprägend und damit nicht „unwesentlich" eingesetzt wird. A bedarf hier der Zustimmung des Künstlers.

Abb. 3.9 Das Beispiel zeigt die Grenzziehung zwischen wesentlich und unwesentlich. Als Faustregel mag gelten: Je mehr das fremde Werk Bildaussage und Stimmung eines Fotos prägt, umso weniger handelt es sich um Beiwerk. Auch hier gilt, dass eine Einstufung in wesentlich und unwesentlich lediglich im konkreten Einzelfall getroffen werden kann

In diesen Fällen stellt sich die Frage, ob für die Träger derartiger Online-portale eine gesetzliche Lizenz gemäß § 50 UrhG „Berichterstattung über Tagesereignisse" bestehen kann. Liest man den § 50 UrhG, scheint sich dieser lediglich auf die Fälle zu beziehen, in denen die Presse selbst der Berichterstatter ist und fremde Nachrichten zur weiteren eigenen Berichterstattung verbreitet. Dieser Anwendungsbereich des § 50 UrhG ist jedoch zu eng verstanden, denn die gesetzliche Lizenz des § 50 UrhG dient nicht allein der Pressefreiheit, sondern der Meinungsfreiheit und dem Informationsinteresse der Öffentlichkeit.

Sofern die übernommenen fremden Inhalte der Berichterstattung über aktuelle Ereignisse durch den Übernehmer dienen, ist es also grundsätzlich möglich, dass auch Einrichtungen, die nicht der Presse zuzurechnen sind, unter engen Voraussetzungen ungefragt fremdes Nachrichtenmaterial über ein von ihnen betriebenes Onlineportal der breiten Öffentlichkeit zugänglich machen.

Zu unterscheiden ist jedoch zwischen Instituten in privater Trägerschaft und Instituten in staatlicher Trägerschaft. Bei Letzteren bestehen eine Reihe verfassungsrechtlicher Bedenken, wenn diese presseähnlich mit ihren Publikationen in Erscheinung treten. Wohl aber kann dann, wenn das staatliche Institut gerade den durch Gesetz oder Satzung bestimmten Auftrag hat, dem Informationsinteresse der Öffentlichkeit an bestimmtem Zeitgeschehen Rechnung zu tragen, die gesetzliche Lizenz nach der hier vertretenen Ansicht grundsätzlich in Anspruch genommen werden.

Die gesetzliche Lizenz nach § 50 UrhG ist an folgende Voraussetzungen geknüpft:

- Die Zustimmung der Rechteinhaber des zu übernehmenden Materials darf nicht möglich oder nicht zumutbar sein,
- das übernommene Material muss der Veranschaulichung der eigenen Berichterstattung und Analyse dienen,
- das übernommene Material muss sich auf aktuelle Tagesereignisse beziehen, die für die Öffentlichkeit von allgemeinem Interesse sind,
- das übernommene Material muss zuvor in der Öffentlichkeit wahrnehmbar geworden sein,
- die öffentliche Wiedergabe des übernommenen Materials darf nicht über seine Aktualität hinaus online abrufbar sein.

Insbesondere die Voraussetzung „ohne Zustimmung der Rechteinhaber nur, wenn die Einholung nicht möglich oder zumutbar ist" schränkt die praktische Bedeutung der gesetzlichen Lizenz nach § 50 UrhG stark ein.

Zusatzinformation zu den Pflichten des Lizenznehmers
Die gesetzliche Lizenz des § 50 UrhG besteht selbstverständlich nur für Urheberrechte und, soweit gesetzlich vorgesehen, Leistungsschutzrechte. Sie bezieht sich nicht auf Abbildungen von Personen. Deren Recht auf informationelle Selbstbestimmung und deren allgemeinen Persönlichkeitsrechte müssen bei der Übernahme des fremden Materials durch die Institution beachtet werden. Das bedeutet, dass die jeweilige Institution bei der Verbreitung von Personenfotos stets eine eigene Rechtsgrundlage benötigt (Eggers, 2020).

Die Verbreitungen und Nutzungen unter den Voraussetzungen des § 50 UrhG sind vergütungsfrei. Es besteht die Quellenangabepflicht gemäß § 63 UrhG sowie auch die Pflicht zur Anerkennung der Urheberschaft der Text- und Bildautoren gemäß § 13 UrhG. Weiter dürfen die übernommenen Materialen gemäß § 62 UrhG nicht verändert werden (ausführlich Abschn. 6.9).

Eine Vergütungspflicht besteht nicht, wenn die Voraussetzungen für eine gesetzliche Lizenz des § 50 UrhG erfüllt sind. Auch nicht „indirekt" über eine Verwertungsgesellschaft.

3.2.7 Übernahme von Zeitungsartikeln gemäß § 49 UrhG

Unter bestimmten Voraussetzungen, auf die nachfolgend eingegangen wird, ist die Verbreitung einzelner Artikel sowie der mit ihnen veröffentlichten Abbildungen aus Informationsblättern (gemeint sind insbesondere Zeitungen) ohne die Zustimmung der Rechteinhaber möglich.[6] Die Lizenz erfasst auch die öffentliche Wiedergabe z. B. durch Verbreitungen im Internet.

---

[6]Auf die Besonderheiten der Übernahme von Rundfunkkommentaren wird hier nicht eingegangen.

Anders als die oben beschriebene gesetzliche Lizenz des § 50 UrhG zur Verwendung von Presseartikeln besteht nach § 49 UrhG die gesetzliche Erlaubnis zur Nutzung grundsätzlich auch dann, wenn das übernommene fremde Material nicht zur eigenen Verdeutlichung der Berichterstattung des Lizenznehmers dient. Sinn und Zweck der Regelung ist jedoch auch die Erleichterung der Kommunikation, um damit dem Informationsinteresse der Allgemeinheit Rechnung zu tragen.

Bedeutung hat diese gesetzliche Lizenz im Bereich der Öffentlichkeitsarbeit von Einrichtungen der Kultur, Forschung und Lehre. Im Bereich der gesetzlich erlaubten Nutzung der Publikationen für Unterricht, Wissenschaft, Forschung und Bildungseinrichtungen hat § 49 UrhG nur eine geringe Bedeutung, da hier die speziellen Regelungen des Urheberrechtswissensgesellschaftsgesetzes Anwendung finden (siehe Kap. 6).

Die Voraussetzungen der gesetzlichen Lizenz nach § 49 UrhG:

- der zu übernehmende Artikel darf nicht mit einem „Vorbehalt der Rechte" versehen sein.[7] Dieses ist jedoch nur selten der Fall, weil den Rechteinhabern in den Fällen der Verwertung durch den übernehmenden Nutzer ein Vergütungsanspruch (über Verwertungsgesellschaften) zusteht,
- die Übernahme muss aus Informationsblättern (Print) erfolgen, die lediglich Tagesinteressen dienen. Gemeint sind damit insbesondere Zeitungen, Nachrichtenmagazine und Illustrierte, wenn sie überwiegend tagesaktuelle Berichte enthalten. Aber auch Pressespiegel in papierner Form unterfallen dem Begriff Informationsblätter,
- es muss sich um Artikel handeln. Gedichte beispielsweise fallen nicht unter den Begriff Artikel,

---

[7] Die Vorbehaltsklausel muss nicht von dem Urheber stammen, sie kann auch gelten, wenn sie vom Verleger oder Herausgeber stammt. Weiter muss die Vorbehaltsklausel unmittelbar im Anschluss an den jeweiligen Artikel erklärt werden. Ein allgemeiner Hinweis im Impressum stellt keine wirksame Vorbehaltsklausel dar.

- bei Abbildungen darf diese nur im thematischen Veröffentlichungs-zusammenhang des ursprünglichen Artikels erfolgen, also in der Regel nicht einzeln, sondern zusammen mit dem Artikeltext,
- keine Archivierung

Zusatzinformation zu den Besonderheiten der Privilegierungen von Pressespiegeln

Als Pressespiegel werden Zusammenstellungen von Artikeln bezeichnet, die zuvor in Presseprodukten veröffentlicht wurden. Zu unterscheiden ist zwischen internen Pressespiegeln, die sich an die Mitarbeitenden der Organisation richten und externen Pressespiegeln, die sich an einen externen Personenkreis und eine breite Öffentlichkeit richten. Weiterhin unterscheidet die Rechtsprechung zwischen elektronischen Pressespiegeln und gedruckten Pressespiegeln.

Für elektronische, interne Pressespiegel gilt, dass diese nur dann unter die gesetzliche Lizenz von § 49 Abs. 1 Satz 1 UrhG fallen, wenn die digital zusammengestellte Variante garantiert, dass die Artikel nicht bearbeitet werden können und dass sie von der Volltextsuche ausgeschlossen sind. In der Praxis bedeutet dieses, dass die interne Verbreitung der Zusammenstellung als grafische Datei (z. B. im JPG-Format) erfolgen muss. Weiterhin dürfen diese Dateien nicht archiviert werden (siehe auch Abb. 3.10).

Für elektronische, externe Pressespiegel, also die Pressespiegel, die auf Internetseiten veröffentlicht werden und die einem bestimmten Interessiertenkreis übermittelt werden, bestehen keine gesetzlichen Lizenzen. Es ist also das Einverständnis der Rechteinhaber bei dieser Art der Nutzung einzuholen.

Stets erforderlich ist neben der Anerkennung der Urheberschaft und der Quellenangabe die Vergütung (auszuzahlen an die Verwertungsgesellschaft) sowohl für papierne, externe und interne Pressespiegel wie auch bei der zustimmungspflichtigen elektronischen Variante, die beispielsweise auf der Website eines städtischen Theaters verbreitet wird.

Der Vergütungspflicht ist über eine Anmeldung bei der zuständigen Verwertungsgesellschaft nachzukommen. Papierpressespiegel sind bei der VG Wort anzumelden. Elektronische Pressespiegel sind bei der Presse-Monitor GmbH anzumelden. In den Anmeldungen ist den Verwertungsgesellschaften der Erscheinungsbeginn, die Anzahl der jährlichen Erscheinungen und bei gedruckten Pressespiegeln die Auflagenhöhe unter Einsendung von Belegexemplaren mitzuteilen.

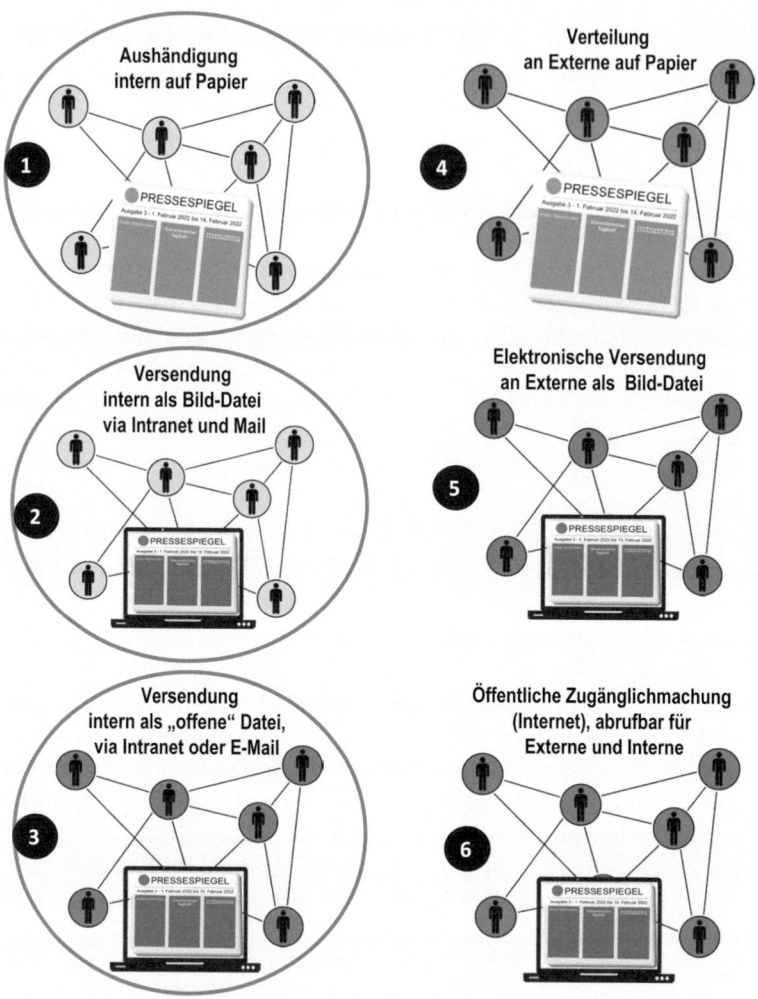

Abb. 3.10 Die obige Grafik zum Pressespiegel zeigt, bei welchen Verwendungen und Publikationen auf verschiedenen Wegen eine gesetzliche Lizenz besteht und bei welchen Verwendungen und Verbreitungen die Zustimmung der Rechteinhaber erforderlich ist

Zusatzinformation zu den Pflichten der Lizenznehmer

Zu beachten haben die Nutzenden der im Rahmen des § 49 übernommenen Artikel die Anerkennung der Urheberschaft bei namentlich kenntlich gemachten Artikeln sowie die Angabe der Quelle also den Namen des jeweiligen Mediums, aus dem die Artikel entnommen wurden.

Eine Bereitstellung der Artikel (Abrufbarkeit) über die Dauer eines aktuellen Informationsinteresses der Leserschaft hinaus ist nur mit Zustimmung der Rechteinhaber möglich. Es besteht somit die Pflicht zur Löschung nicht mehr aktueller Artikel.

Vergütungsansprüche werden zentral von Verwertungsgesellschaften verwaltet. Der Lizenznehmer muss die Nutzung des fremden Materials melden (siehe oben „Besonderheiten der Privilegierungen von Pressespiegeln"), damit diese dann gegebenenfalls in Zusammenarbeit mit weiteren Verwertungsgesellschaften für die Beitreibung und Ausschüttung der Honorare sorgt.

Ihr Transfer in die Praxis

Mit der Nutzung der in diesem Kapitel beschriebenen gesetzlichen Lizenzen besteht für Sie die besondere Herausforderung der Prüfung des Vorliegens der gesetzlichen Nutzungsbedingungen. Bei der Vielzahl der Wenn und Abers in den jeweiligen konkreten Einzelfallprüfungen bestehen selbst bei Fachanwälten, Richtern und Richterinnen nicht selten konträre Einschätzungen. Wie soll ein Laie das leisten? Manchmal ist es sinnvoller die Rechteinhaber trotz der möglicherweise vorliegenden gesetzlichen Lizenz um die Zustimmung zur Nutzung der fremden Werke zu bitten. Der Weg der vertraglichen Lizenz ist nicht ausgeschlossen, wenn eine der Schrankenregelungen des Urheberrechts mit der Konsequenz einer gesetzlichen Lizenz greift. Auch können individuelle Absprachen z. B. über die Dauer der Nutzung getroffen werden. Nach einem „Nein" der Rechteinhaber können Sie immer noch entscheiden, ob Sie Ihre Nutzung auf eine gesetzliche Lizenz stützen wollen.

In vielen Fällen können Sie auch auf das Konstrukt der komplizierten gesetzlichen Lizenz des § 49 UrhG bei der Erstellung von Pressespiegeln verzichten. Mit der sogenannten Framing-Rechtsprechung des EuGH besteht die Möglichkeit, dass Sie einen fremden Artikel durch Verlinkung auf Ihrer Website wiedergeben können. Handelt es sich um einen Zeitungsartikel, der für die breite Öffentlichkeit frei zugänglich (ohne Bezahlschranke) ist, nehmen Sie mit dieser Verlinkung keine erneute Veröffentlichung vor. In diesem Fall ist die Wiedergabe auf Ihrer Website keine Verwertungshandlung mehr und damit urheberrechtlich irrelevant. Da Verlage jedoch inzwischen verstärkt ihre Angebote kostenpflichtig hinter Bezahlschranken anbieten, stößt die oben beschriebene Lösung zukünftig auf Grenzen.

Literatur

Eggers, Christian W. (2020): Quick Guide Social-Media-Recht der öffentlichen Verwaltung, Springer Gabler, Wiesbaden

Landgericht München (20.06.2022): Pressemitteilung ‚Ein Bild sagt mehr als tausend Worte!‘, https://www.justiz.bayern.de/gerichte-und-behoerden/land-gericht/muenchen-1/presse/2022/16.php. Zugegriffen: 27.06.2022

4

Das Urheberrechts-Diensteanbieter-Gesetz (UrhDaG)

> **Was Sie aus diesem Kapitel mitnehmen**
>
> Mit diesem Kapitel erfahren Sie, wie Sie den Spielraum des neuen Urheberrechts-Diensteanbieter-Gesetzes (UrhDaG) für Ihre Kommunikation über soziale Netzwerke zur Öffentlichkeitsarbeit nutzen können.

4.1 Funktionsweise und Berechtigungskonzepte des UrhDaG

Mit dem Urheberrechts-Diensteanbieter-Gesetz (UrhDaG) hat der Gesetzgeber ein neues Stammgesetz geschaffen, welches die großen kommerziellen Plattformen wie YouTube und Facebook mit neuen Regelungen verpflichtet. Sinn und Zweck des Gesetzes soll sein, dass Inhaber von Urheberrechten also Kreative und die Unternehmen der Kulturwirtschaft an der Wertschöpfung, die auf diesen Plattformen erzielt werden, zu beteiligen sind. Der Gesetzgeber hat diesen kommerziellen Dienstanbietern als Upload-Plattform nunmehr eine urheberrechtliche Verantwortlichkeit für die durch die Nutzer eingestellten Inhalte auferlegt.

Mit Geltung des UrhDaG bestehen auch für die Nutzer der Upload-Plattformen im Zusammenspiel mit dem Urheberrechtsgesetz neue Voraussetzungen zur Rechtmäßigkeit des Einstellens fremder Werke. Hierbei wurde der rechtliche Spielraum zu Gunsten der Account-Inhaber erheblich erweitert. Dieses wurde vom Gesetzgeber angestrebt, einmal zum Zwecke der Rechtssicherheit im Umgang mit sozialen Netzwerken und zum anderen zur Erleichterung der Kommunikation.

Das Urheberrecht soll kein Hindernis für die Ausübung von Kunst, Meinungsfreiheit und Wissensaustausch auf modernen Kommunikationsplattformen darstellen. Ob den weitreichenden gesetzlichen Lizenzen und Berechtigungskonzepte, insbesondere das Konzept der Kollektivlizenz mit erweiterter Wirkung und das Konzept der mutmaßlich erlaubten Nutzung (siehe Abschn. 4.1.2), in der Zukunft durch die Rechtsprechung Grenzen gesetzt werden, ist offen.

4.1.1 Das UrhDaG aus der Perspektive der Nutzer – Überblick zu den Lizenzen und Berechtigungskonzepten

Die Abbildung 13 zeigt Ihnen, unter welchen Voraussetzungen Sie Grafiken, Fotos und Videos in kommerzielle Upload-Plattformen wie YouTube und Facebook hochladen können. Neben den vertraglichen und gesetzlichen Lizenzen gibt es nun für Bildnutzende der kommerziellen Upload-Plattformen mit dem UrhDaG eine völlig neue Rechtsgrundlage zum Einstellen fremder Werke. Einen schnellen Überblick zu den Regelungen bei der Social-Media-Arbeit mit fremden Grafiken, Fotografien und Videos verschafft Ihnen die Abb. 4.1.

Voraussetzungen zum Upload fremder Werke gemäß § 10 UrhDaG „geringfügige Nutzungen"

- Das fremde Werk darf nicht zu kommerziellen Zwecken gepostet werden,
- es dürfen keine erheblichen Einnahmen durch das Posting erzielt werden,

Nutzer (Account-Inhaber) einer Upload-Plattform stellen fremde urheberrechtlich geschützte Videos, Fotos und Grafiken durch Hochladen in die Plattform ein

Berechtigungen der Einstellenden ergeben sich
aus dem UrhG in Verbindung mit dem UrhDaG

1. Der einstellende Nutzer hat eine „Social-Media-Lizenz" vom Berechtigten erworben (individuelle vertragliche Lizenzen zwischen Nutzer und Rechteinhaber).

2. Der einstellende Nutzer kann sich auf eine gesetzliche Lizenz nach dem UrhG (z. B. „Parodie", § 51a UrhG oder Zitat, § 51 UrhG) berufen (siehe § 5 Abs. 1 Nr. 1 und 2 UrhDaG).

3. Der einstellende Nutzer kann sich auf eine gesetzliche Lizenz gemäß der §§ des Teil 1 Abschnitt 6 des UrhG berufen, sofern die jeweilige Regelung die „öffentliche Wiedergabe" erlaubt (siehe § 5 Abs.1 Nr. 3 UrhDaG) Beispiel: § 52 UrhG „öffentliche Wiedergabe" von fremden Werken zur Bewerbung von nicht-kommerziellen Veranstaltungen.

4. Der einstellende Nutzer kann das fremde Werk hochladen, weil der Diensteanbieter für seine Plattform vertragliche Lizenzen von den jeweiligen Rechteinhabern erworben hat. Diese Lizenzen wirken auch zu Gunsten des Einstellenden.

5. Der einstellende Nutzer kann das fremde Werk hochladen, weil dem Diensteanbieter über eine Verwertungsgesellschaft eine kollektive Lizenz ihrer Mitglieder eingeräumt wurde, die auch Nicht-Mitglieder einschließen kann (erweiterte kollektive Lizenz).

6. Der einstellende Nutzer kann das fremde Werk mit einer „Anscheinlizenz" hochladen. Als sogenannte „mutmaßlich erlaubte Nutzung" unter Vorbehalt, wenn die Bedingungen des § 10 UrhDaG („geringfügige Nutzungen") erfüllt sind.

Abb. 4.1 Die Abbildung zeigt Ihnen sechs Berechtigungen zum Upload fremder Werke. Diese Berechtigungen ergeben sich aus einem Zusammenspiel zwischen dem Urheberrechtsgesetz, dem Urheberrechts-Diensteanbieter-Gesetz und dem Verwertungsgesellschaften-Gesetz. Für den Nutzer von sozialen Netzwerken sind beim Einstellen fremder Werke enorme Spielräume entstanden

- fremde Videos und Laufbilder dürfen nicht länger als 15 s wiedergegeben werden,
- fremde Audios („Tonspuren") dürfen nicht länger als 15 s wiedergegeben werden,
- bei Texten dürfen bis zu 160 Zeichen wiedergegeben werden,
- fremde Bilder (Lichtbildwerke, Lichtbilder und Grafiken) dürfen nicht über 125 Kilobyte in der Auflösung betragen.

Diese Erleichterung der Kommunikation soll nach dem Willen des Gesetzgebers insbesondere die digitale Meinungsvielfalt ermöglichen. Hierfür musste der Gesetzgeber einige Klimmzüge unternehmen. Diese zumindest grob zu kennen, ist für Bildnutzende zum rechtssicheren Umgang mit fremden Werken notwendig.

4.1.2 Konzept der mutmaßlich erlaubten Nutzung

In der linken Spalte der Abbildung 13 sehen Sie die „mutmaßlich erlaubten Nutzungen" gleichberechtigt mit den erlaubten Nutzungen auf der Grundlage von vertraglichen und gesetzlichen Lizenzen, wie im Abschn. 1.3 dargestellt, eingeordnet. Die mutmaßlich erlaubte Nutzung ist eigentlich eine Lizenz unter Vorbehalt: Sie besteht zunächst dann, wenn die Nutzung im Sinne des § 10 UrhDaG geringfügig ist (siehe oben „Voraussetzungen zum Upload fremder Werke gemäß § 10 UrhDaG „geringfügige Nutzungen").

Dies allein genügt jedoch nicht. Es müssen bestimmte Indizien dafürsprechen, dass der Upload rechtmäßig erfolgt. Die Vermutung der Rechtmäßigkeit muss aktiv von den kreativen „Rechteinhabern" widerlegt werden. Erst wenn die Rechteinhaber dieses können, muss die Plattform den rechtmäßigen Zustand durch Löschung des betreffenden Werkes herstellen.

Das ist ungewöhnlich und bisher nie dagewesen. Grund für dieses Konstrukt soll sein, dass eine Upload-Plattform den Austausch der Nutzer über zu kritisch eingestellte Urheberrechtsprüfungen mittels Upload-Filter lahmlegt. Notwendig wurde das alles, weil der Gesetzgeber den kommerziellen Upload-Plattformen mit dem UrhDaG eine Haftung für Urheberrechtsverletzungen der Nutzer auferlegt hat.

4.1.3 Keine erheblichen Einnahmen

Die gesetzliche Lizenz gemäß § 10 UrhDaG (geringfügige Nutzungen) sieht ausdrücklich vor, dass mit dem geposteten fremden Inhalt nur geringfügige Einnahmen erzielt werden dürfen. Das bedeutet, dass Postings mit Gewinnerzielungsabsichten, die über der Bagatellschwelle liegen, von vornherein nicht auf die gesetzliche Lizenz nach § 10 UrhDaG gestützt werden können.

> **Beispiel für Gewinnerzielungsabsicht**
>
> A montiert in das Bild eines Finanzministers einen „lustigen Spruch" zur Steuerpolitik. Das Bild des Politikers hat A nicht selber angefertigt. A wandelt das Foto mittels Photoshop-Filter in eine Siebdruckgrafik im Stil des Pop-Artisten Andy Warhol um. Nachdem das von A hergestellte „Meme" sich viral verbreitete, postet A sein Werk erneut mit dem Hinweis, dass A nunmehr das Motiv als T-Shirt für einen Preis von 25 € anbietet. A kann das Ursprungsposting auf die gesetzliche Lizenz des § 10 UrhDaG stützen. Das erneute Posting zur Bewerbung der T-Shirts jedoch nicht.

4.1.4 Zu „nicht kommerziellen Zwecken"

Eine weitere Voraussetzung für die Lizenzierung im Wege des Konzeptes der „mutmaßlich erlaubten Nutzung" ist, dass der fremde Inhalt von den Hochladenden zu nicht kommerziellen Zwecken erfolgt (§ 10 UrhDaG).

Was ist nun nicht kommerziell und was ist schon kommerziell? Diese Frage wurde im Gesetzesentwurf zum UrhDaG nicht erörtert. Die Beantwortung der Frage ergibt sich aus der Idee, der Privilegierung der Nutzer von sozialen Netzwerken durch „mutmaßlich erlaubte Nutzungen". Der Gesetzgeber will mit dem Konzept „mutmaßlich erlaubte Nutzungen" verhindern, dass insbesondere Meinungsäußerungen mittels gestalterischer Ausdrucksformen unter Verwendung fremder Inhalte durch Upload-Kontrollen „abgewürgt" werden.

Daraus wird zumindest deutlich, welche Kriterien für die Einordnung in kommerziell und nicht kommerziell heranzuziehen sind: Dient der Beitrag des Nutzers überwiegend der Ausübung der Meinungsfreiheit und/oder der Kunstfreiheit, besteht eine nicht kommerzielle Nutzung.

4.2 Unternehmens- und Behörden-Postings – Wer ist durch das UrhDaG begünstigt?

4.2.1 Postings der privaten Unternehmen

Nach dem oben Dargelegten tut sich die Frage auf, ob auch private Unternehmen beispielsweise sogenannte „Memes" (siehe Abschn. 3.2.3) posten können, ohne dass diese als kommerziell und damit rechtswidrig eingestuft werden müssen.

Artikel 19 Abs. 3 Grundgesetz bestimmt, dass Grundrechte auch für inländische juristische Personen gelten, soweit sie ihrem Wesen nach auf diese anwendbar sind. Träger der Grundrechte Meinungsfreiheit und Kunstfreiheit können auch juristische Personen, wie etwa eine GmbH oder eine AG, sein. Dient also das Posting eines Unternehmens überwiegend der Ausübung der Meinungsfreiheit und/oder Kunstfreiheit, müsste der Inhalt auch als nicht kommerziell eingestuft werden. Unternehmenspostings können damit grundsätzlich auch die Kriterien der geringfügigen Nutzung gemäß § 10 UrhDaG erfüllen.

Ob es sich bei einem Posting eines Unternehmens um Meinungsausübung oder schon kommerzielle Werbung handelt, die nicht mehr von § 10 UrhDaG erfasst wird, kann zukünftig wohl nur im Einzelfall entschieden werden. Fraglich ist auch, wie ein Upload-Filter diese Abwägung bewältigen soll.

4.2.2 Postings der öffentlichen Stellen

Lehre, Forschung, Wissenschaft, Kultur, das alles findet zu einem sehr großen Teil durch Trägerschaft der öffentlichen Hand statt. Da diese staatlichen Institutionen grundsätzlich nicht Grundrechtsträger sind, stellt sich die Frage, ob diese Institutionen von den Regelungen des UrhDaG bei ihrer Öffentlichkeitsarbeit über soziale Netzwerke profitieren können. Unter Berücksichtigung des oben dargelegten Sinnes und Zwecks der Regelung muss man konsequenterweise zu dem Ergebnis kommen, dass grundsätzlich die begünstigende Regelung des § 10 UrhDaG für staatliche Institutionen nicht gelten kann.

Beispiel für ein nicht auf § 10 UrhDaG zu stützendes Posting einer Behörde

Eine Behörde nutzt ungefragt ein fremdes Foto, welches ein unordentliches und mit Akten überfrachtetes Büro zeigt. In das Foto hinein wurde von einem Behördenmitarbeitenden mit Photoshop hineingeschrieben „Ihr wisst ja, wie es bei uns aussieht. Wir brauchen dringend Nachwuchs. Bewerbt euch!" Dieses „Werk" lädt die Behörde in ihren Twitter-Account hoch. Nach der hier vertretenen Ansicht kann dieses Posting schon deshalb nicht auf § 10 UrhDaG gestützt werden, weil Sinn und Zweck der gesetzlichen Privilegierung die Förderung von Meinungs- und Kunstfreiheit ist.

Grundsätzlich bedeutet bei Juristen, dass es Ausnahmen gibt. So hat das Bundesverfassungsgericht staatlichen Institutionen wie z. B. Hochschulen eine partielle Grundrechtsträgerschaft zugesprochen. Diese besteht immer dann, wenn die jeweiligen in Anspruch genommenen Grundrechte wesens- und funktionserhaltend für die Erfüllung des gesetzlichen Auftrages der jeweiligen Institution sind.

So ist es also denkbar, dass eine Kunsthochschule sich auf die Kunstfreiheit berufen kann und bei Ausübung dieser Freiheit zu den durch § 10 UrhDaG privilegierten Nutzern gehören kann.

Ihr Transfer in die Praxis

Das Urheberrechts-Diensteanbieter-Gesetz (UrhDaG) schafft als ein eigenständiges Gesetz neben dem Urheberrechtsgesetz neue Spielräume zur Nutzung fremder Inhalte in kommerziellen Netzwerken. Die Grenzen der Nutzungen kennt derzeit niemand. Erst durch die zukünftige Rechtsprechung werden die Grenzen des Berechtigungskonzeptes zur Nutzung fremder Werke in sozialen Netzwerken sicherer zu benennen sein. Daher empfiehlt sich bis dahin Zurückhaltung in den Zweifelsfällen einer ausreichenden Berechtigung.

5

Open-Content-Konzepte und Lizenzen

Was Sie aus diesem Kapitel mitnehmen

In diesem Kapitel erfahren Sie, was „offene Lizenzen" sind und welche Vor- und Nachteile sie bei der Publikation von Werken der Forschung, Lehre, Wissenschaft und Kultur haben. Weiter geht es um die Gestaltung dieser Lizenzen. Welche Rechte wollen Sie als „Lizenz-Gebender" wie weitreichend vergeben? Abschließend erfahren Sie, wie Sie selber rechtmäßiger Lizenznehmer werden und mit dem „Open Content" rechtssicher umgehen.

5.1 Sinn und Funktion von Open-Content-Lizenzen

Unter offenen Lizenzen sind die vertraglichen Lizenzen zu verstehen, mit denen urheberrechtlich geschützte Werke und Leistungen ohne oder nur mit geringen Nutzungsbeschränkungen einer breiten Öffentlichkeit zur Nachnutzung überlassen werden. Gemeinsam ist diesen Lizenzen, dass sie vergütungsfrei vergeben werden und nur wenige Pflichten auferlegen.

© Der/die Autor(en), exklusiv lizenziert an Springer Fachmedien Wiesbaden GmbH, ein Teil von Springer Nature 2022
C. W. Eggers, *Bildrechte in Lehre, Wissenschaft und Kultur,*
https://doi.org/10.1007/978-3-658-39313-7_5

Die gebenden Rechteinhaber verzichten nicht nur auf eine direkte finanzielle Wertschöpfung, sondern auch je nach Gestaltung der Lizenz auf die durch das Urheberrecht gewährten Schutzrechte.

Zugespitzt kann man sagen, dass offene Lizenzen mit einer Aufgabe der finanziellen Wertschöpfung aus dem geistigen Eigentums gleichzusetzen sind. Der „Gewinn" für die Lizenzgebenden ergibt sich nicht unmittelbar aus der Verwertung geistigen Eigentums. Vielmehr stehen bei offenen Lizenzen ideelle und/oder indirekt wirtschaftliche Publikationsinteressen der Lizenzgebenden im Vordergrund.

Es liegt auf der Hand, dass Nutzende gerne auf freies Material ohne Vergütung und Restriktionen zugreifen. Damit sind fremde urheberrechtlich geschützte Werke enorm verkehrsfähig. Sie erfahren in der Regel eine sehr hohe Verbreitung.

Die Abb. 5.1 (Abb. 5.1) zeigt einen Überblick über gängige Open-Content-Konzepte. Die Lizenzen, die im Rahmen der jeweiligen Konzepte vergeben werden, sind meist unterschiedlich ausgekleidet.

Beispiel zur Öffentlichkeitsarbeit mit Open Content

Eine staatliche Stelle zur Tourismusförderung T in der Alpenregion richtet eine Bilddatenbank mit attraktiven Ausflugszielen, Sehenswürdigkeiten und Skigebieten ein. T erlaubt jedermann in der Datenbank Bilder zu recherchieren, herunterzuladen und für jeden Zweck in jedem Umfang zu publizieren. T verspricht sich hieraus eine Aufwertung der Alpenregion als Urlaubsziel. Die Wertschöpfung erfolgt also indirekt und nicht unmittelbar durch die Vermarktung von vergütungspflichtigen Fotos. Der Lizenzgebende hat für sein Vorhaben die Fotos unter die weitreichende Lizenz Creative-Commons-Lizenz (CC-Lizenz) CC0 gestellt.

Beispiel zur Publikation von Forschungsprojekten als Open Content

Ein Institut zur Meeresforschung richtet einen Downloadbereich für die Forschungsberichte und Forschungsarbeiten ein. Der Bereich ist für Wissenschaftlerinnen und Wissenschaftler sowie für die interessierte Öffentlichkeit zugänglich. Da die Arbeiten aus öffentlichen Mitteln finanziert wurden, sollen diese auch für interessierte Bürger und Bürgerinnen einfach auffindbar und frei zugänglich sein. Aber auch der wissenschaftliche Nachwuchs soll über die frei zugänglichen Daten ohne urheberrechtliche Einschränkungen verfügen können. Das Institut hat die Forschungsberichte unter einer CC BY Lizenz, die lediglich zur Namensnennung verpflichtet, freigegeben.

Abb. 5.1   Überblick zu den gängigen Open-Content-Konzepten

5.2   Am Anfang ist der Wille – Eine Übersicht zu den Open-Content-Bewegungen

Wohl kaum ein Begriff wie der des Open Content sorgt im Urheberrecht für mehr Verwirrung als für Klarheit. Denn unter Open Content sind eine Vielzahl von Freiheitskonzepten verschiedenster Inhalte und vor allem verschiedenster gesellschaftlicher Bewegungen mit unterschiedlichen Interessen zu erkennen. So sind z. B. Lizenzen unter dem Unterbegriff „Open Government" und „Open Science" aus unterschiedlichsten Gründen vergeben. „Open Government" hat verkürzt gesagt die Teilhabe an der politischen Willensbildung der Bürgerinnen und Bürger zum Ziel. „Open Science" wiederum will die Wissenschaft und Forschung fördern. Die Abb. 5.1 zeigt eine Übersicht zu den Open-Content-Bewegungen und ihren Zielen.

Allen diesen Bewegungen ist eines gemeinsam: der Wille urheberrechtlich geschützte Inhalte von den Restriktionen des Urheberrechts weitreichend zu befreien. Erst dann taucht die Frage nach der Auskleidung der Nutzungsbedingungen, also der offenen Lizenz, auf. Einen Überblick zu den verschiedenen Konzepten bietet die Abb. 5.1.

So ist es auch verständlich, dass jede einzelne Bewegung ihre ideellen, aber auch wirtschaftlichen Ziele unter eigenen Bedingungen weitgehend mittels eigener Lizenzen verfolgt. Die Wahl und Gestaltung des Lizenzumfanges der jeweiligen Bewegung kann z. B. in der Vergabe von Creative-Commons-Lizenzen bestehen, aber auch in der Erschaffung völlig eigenständiger Bedingungen ohne den Rückgriff auf bereits bekannte Lizenzierungsmodelle. Zu trennen ist also immer der Name einer Bewegung von dem Namen eines Lizenzmodelles.

In einigen Fällen korrespondieren Lizenzmodelle mit dem Namen einer Bewegung derartig stark, so dass mit Nennung der Lizenz automatisch eine Bewegung gleichgesetzt wird. Hier kommt es schnell zu Unklarheiten und Verwechselungen.

In der Praxis wird man nicht umhinkommen, den jeweiligen Inhalt mit seinen Lizenzbedingungen in jedem Einzelfall anzuschauen. Die Fragen sind dann: „Ist meine Nutzung des fremden Inhaltes mit dem

Ziel des Lizenzgebers vereinbar und unter welchen Bedingungen (Lizenzen) darf ich dann den fremden Inhalt verwerten?"

Open-Content-Konzepte richten sich zunächst auf die Verfolgung eines ideellen Ziels. Die das Konzept auskleidenden jeweiligen Nutzungsbedingungen der honorarfreien und für jedermann zu nutzenden Inhalte unterscheiden sich. Bei den jeweiligen Nutzungsbedingungen handelt es sich nicht um die Auskleidung der Idee zur Freiheit von Inhalten, sondern um die Einschränkung der freiheitlichen Nutzung zur Verhinderung von Missbrauch.

Ihr Transfer in die Praxis

Für Organisationen, die Open Content Vorhaben verwirklichen möchten, lohnt sich ein Blick auf die verschiedenen Konzepte vor der endgültigen Festlegung der Nutzungsbedingungen. Hilfreich kann es auch sein, sich mit einer vergleichbaren Einrichtung, die bereits offene Inhalte anbietet, über Erfahrungen auszutauschen.

5.3 Gestaltung von Open-Content-Lizenzen in sieben Schritten

Ist die Bezeichnung „Open Content" zunächst nur der Wille urheberrechtlich geschütztes Material möglichst frei, ohne Restriktionen also, zur Verfügung zu stellen, so ist die „Open-Content-Lizenz" ein Schritt zurück. Ihre Funktion liegt gerade darin, die zuvor erwünschte Freiheit nun doch noch mit einigen Auflagen zu verbinden. Die Gründe hierfür sind vielfältig. So möchten einige Lizenzgeber nicht darauf verzichten, dass die Namensnennung der Urheber und Herausgeber der Inhalte einen Image-Gewinn erbringen kann. Weiter bestehen häufig Bedenken bezüglich des Missbrauchs der Inhalte, so dass per Lizenz verboten wird diese Inhalte zu verändern. Das alles sind verständliche Gründe für Auflagen. Dem Nutzer wird es jedoch damit häufig schwer gemacht: Nicht selten sind die Nutzungsbedingungen undurchsichtig formuliert, so dass Nutzende lieber „die Finger davon" lassen.

5.3.1 Die Creative-Commons-Lizenzen

Die meist genutzte Lizenz zur Auskleidung von „Open-Content-Konzepten" ist mit ihren Abwandlungen die Creative-Commons-Lizenz. Dabei handelt es sich um einen „Lizenz-Baukasten" der NGO Creative Commons (siehe Abb. 5.2). Deren vorgefertigte Lizenzen können von jedermann genutzt werden. Die jeweiligen Bedingungen gelten dann als vertragliche Vereinbarung über die Nutzung.

Zeichnet also eine Organisation einen urheberrechtlich geschützten Inhalt mit der Kennzeichnung CC und der Verlinkung auf die jeweiligen CC-Bedingungen aus, macht er der Allgemeinheit ein Angebot zur vertraglichen Nutzung. Die Annahme des Angebotes erfolgt dann eben nicht im direkten Kontakt mit dem Anbieter, sondern durch eine Nutzungshandlung unter Kenntlichmachung der vom Anbieter vorgegebenen und vorgefertigten Lizenz.

5.3.2 Vorgehen bei der Lizenzierung mittels Creative Commons

Unter dem Begriff „Open-Content-Lizenzierung" ist die vergütungs-freie urheberrechtliche Freigabe für jedermann von Werken zu verstehen. Wichtig: Es handelt sich um vertragliche Lizenzen. Auch dann, wenn Sie mit den Nutzenden keinen Kontakt haben. Sie machen per vorgefertigter Lizenz ein Angebot zur Nutzung und der Nutzer nimmt dieses durch seine Nutzungshandlung an.

Die Grafik zeigt, wie dieses mit Creative-Commons-Lizenzen, abgestuft in Berechtigungen für die Nutzer, geschehen kann.

Creative Commons ist eigentlich kein Open-Content-Konzept, sondern ein Begrenzungskonzept der Idee „Open Content". Creative-Commons-Lizenzen kommen in unterschiedlichen Open-Content-Konzepten (siehe Abb. 5.3) zur Anwendung.

Symbol	Abkürzung	Bezeichnung
ⓘ	BY	Namensnennung
€	NC	Nicht kommerziell
⊜	ND	Keine Bearbeitung
↻	SA	Weitergabe nur mit gleicher Lizenz

Restriktionen von Open Content mittels Creative Comons Nutzungsbedingungen

Namensnennung
erforderlich

Namensnennung u.
keine kommerziellen
Nutzungen erlaubt

Namensnennung
erforderlich und
bearbeiten verboten

Namensnennung,
bearbeiten erlaubt,
jedoch nur wenn die
ursprüngliche Lizenz
beibehalten wird

Namensnennung, nicht
kommerziell, Verbreitung
nur unter der gleichen
(ursprünglichen) Lizenz

Namensnennung,
keine kommerziellen
Nutzungen und
keine Bearbeitungen

Abb. 5.2 Die Grafik zeigt Symbole und sechs Lizenzkombinationen der Creative-Commons-Lizenzen

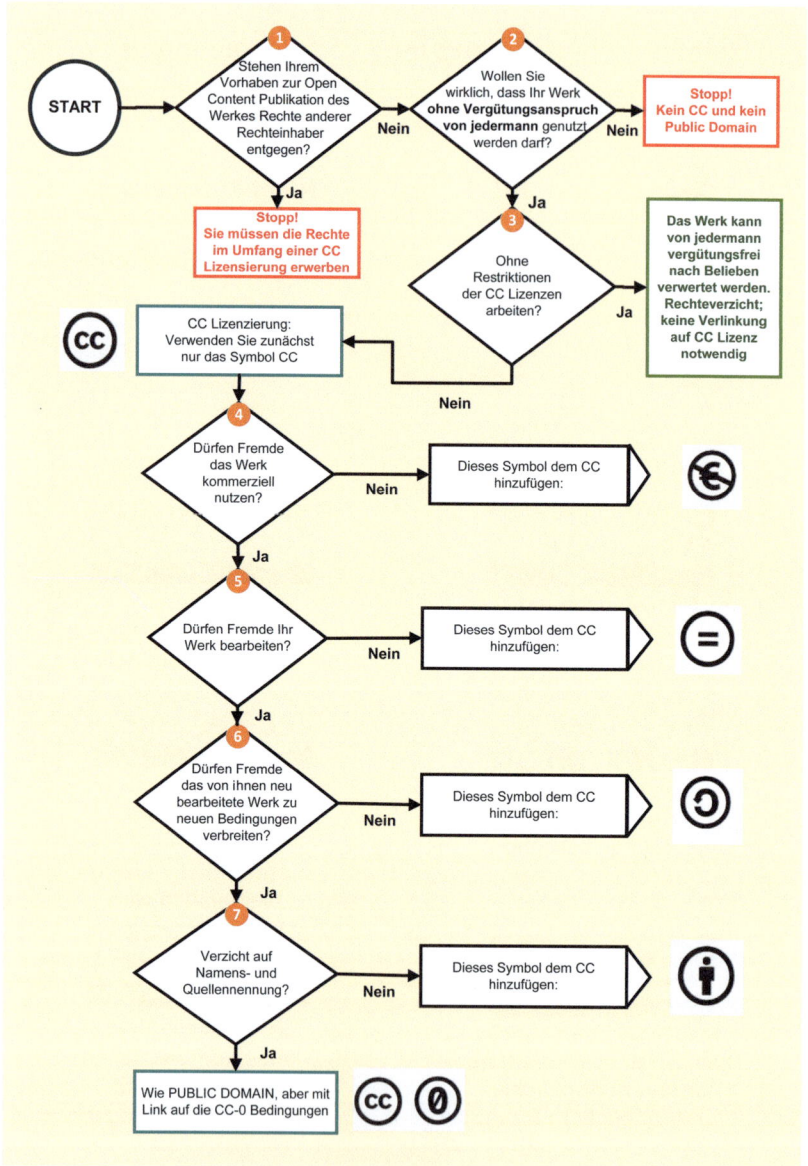

Abb. 5.3 Die Grafik zeigt das Vorgehen bei der Lizenzierung einer Open-Content-Publikation mittels Creative-Commons-Lizenzen

5.3.2.1 Schritt 1 – Habe ich das Recht, das Werk unter CC zu verbreiten?

Diese Frage ist enorm wichtig: Wird einmal ein Werk unter CC im Internet verbreitet, sind die von Nutzern geteilten Werke nicht mehr „einzufangen". Meist ziehen sie auch dann, wenn der Einstellende die Ursprungsveröffentlichung in seiner Einflusssphäre löscht, trotzdem weitere Verbreitungen über bereits geteilte Veröffentlichungen nach sich.

Stets ist zu klären, ob Sie als Einstellender das Recht dazu haben, das Werk auf diese Weise zu verbreiten. Wenn Sie selbst Urheber sind, ist dieses meist unproblematisch.

Aber Vorsicht: Es kann sein, dass Sie Urheber sind und dennoch Urheberrechte anderer Personen entgegenstehen. So z. B. im Arbeitsverhältnis, in dem der Arbeitgeber in der Regel exklusive Nutzungsrechte an Ihrem Werk erwirbt. Sie können also dann nur mit Zustimmung der weiteren Rechteinhaber an Ihrem Werk CC-Lizenzen vergeben.

5.3.2.2 Schritt 2 – Finanzielle Wertschöpfung unmöglich, will ich das wirklich?

Bevor Sie loslegen und Ihr Werk unter CC verbreiten, sollten Sie sich darüber klar sein, dass sich die direkte wirtschaftliche Verwertung Ihres Werkes damit erledigt hat. Sie haben keinen Vergütungsanspruch und wirklich jeder im Netz Herumirrende kann Ihr Werk jetzt, ohne mit Ihnen in Kontakt zu treten, nutzen. Ohne dass für Sie oder Ihre Organisation ein Vergütungsanspruch besteht.

5.3.2.3 Schritt 3 – CC oder Public Domain?

Open Content sollte nicht zu kompliziert zu publizieren sein. Das widerspricht der Idee „offene Inhalte". So mancher Nutzer lässt lieber die Finger von einem eigentlich „offenen Werk", wenn er mit kryptischen Zeichen und unverständlichen Formulierungen zur rechtmäßigen Nutzung bombardiert wird. Also soll der Inhalt ganz frei ohne Restriktionen der CC-Lizenzen sein, empfiehlt es sich das Werk durch die Kennzeichnung „Public Domain" freizugeben.

Unterscheidung von „Public Domain" und „CC-Zero" Nach den Grundsätzen des europäischen Urheberrechts können Urheberinnen und Urheber die Rechtsträgerschaft „Urheber" weder übertragen noch aufgeben. Der aus dem amerikanischen Urheberrecht stammende Begriff „Public Domain" umfasst die Urheberrechtefreiheit eines Werkes. Wie in Europa kann ein Werk durch Zeitablauf frei von Urheberrechten werden und im US-amerikanischen Recht auch durch die Aufgabe des Urheberrechts. So kann „Public Domain" nach US-Recht zweierlei bedeuten: gesetzliche Gemeinfreiheit durch Zeitablauf oder durch vertragliche Aufgabe des Urheberrechts. Nach europäischen Grundsätzen kann es aber keine Gemeinfreiheit durch eine Aufgabe der Rechtsstellung „Urheber" geben. Wie ist es dann zu verstehen, wenn in Deutschland Werke, deren Urheberrecht nicht durch Befristung abgelaufen ist, unter Public Domain angeboten werden?

Kennzeichnet beispielsweise eine deutsche Universität ein gerade entstandenes Werk als Public Domain bedeutet dieses nicht, dass kein Urheberrecht an dem Werk besteht. Nach europäischem Rechtsverständnis ist die Public Domain Kennzeichnung als ein vertragliches Versprechen zu verstehen. Es beinhaltet die Aussage „Wir verzichten auf die Ausübung jeglicher Urheberrechte." Damit ist dem Nutzer gesagt, dass er mit dem fremden Werk machen kann, was er will. Ohne dass Urheber und weitere Nutzungsrechteinhaber irgendwelche Ansprüche und Bedingungen bei der Nutzung des Werkes geltend machen werden.

Was ist nun der Unterschied zu einer CC-Zero-Lizenz? Hierfür lohnt ein Blick in die Creative Commons Erklärungen zu den einzelnen CC-Lizenzen „Wenn das Material genutzt oder zitiert wird, sollten Sie nicht den Eindruck einer Gutheißung erwecken durch den Rechteinhaber oder die Person, die das Werk identifiziert hat." Wie Sie sehen, hat die Creative-Commons-Organisation mit der Formulierung „sollten" schon eine Grenze bei der Nutzung der unter CC-Zero-Lizenz gestellten Inhalte gezogen. Daraus ist auch zu schließen, dass eine Verlinkung auf die bei Creative Commons hinterlegte Lizenz wie bei anderen Lizenztypen dieser Organisation eine „Spielregel" darstellt. Dem Autor ist bisher jedoch kein Streitfall bekannt, in dem die unterlassene Verlinkung auf CC-Zero zu einer Ungültigkeit der Lizenz geführt hat.

Wer sich also ganz außerhalb der CC-Bausteine bewegen möchte, kennzeichnet sein Werk als Public Domain und verspricht damit, den Nutzer für seine urheberrechtsrelevanten Handlungen niemals in Anspruch zu nehmen. Das Werk darf von jedermann wie (!) ein gemeinfreies Werk behandelt werden.

Wollen Sie das nicht, etwa weil Sie gerne Ihren Namen unter dem Werk sehen wollen oder auch beispielsweise Ihr Werk nicht im Zusammenhang von kommerziellen Interessen veröffentlicht sehen wollen, dann nutzen Sie CC-Lizenzen.

Kennzeichnen Sie Ihr Werk als CC, bedeutet das zunächst nur, dass jedermann ohne Vergütung Ihr Werk nutzen darf. Nun folgen in den nächsten Schritten nicht Berechtigungen der Nutzenden, sondern fein ausgeklügelte Beschränkungen, die Sie dem Nutzenden auferlegen können. CC ist eigentlich kein Open-Content-Konzept, sondern ein Begrenzungskonzept der Idee „Open Content".

5.3.2.4 Schritt 4 – Soll Ihr Werk kommerziell genutzt werden dürfen?

Was ist kommerziell? Was ist schon nicht mehr kommerziell? Hier gibt es schnell Rechtsunsicherheiten. Das Extrem für die Einstufung als kommerziell wäre die Nutzung Ihres Werkes, z. B. eines Fotos, in einem Website-Beitrag, der für Waren und Dienstleistungen wirbt. Vielleicht noch mit einem Button „Jetzt bestellen und Vorteile sichern! Das Angebot ist streng limitiert!" versehen.

Es geht aber auch Seriöseres zu unterbinden: Sie wollen nicht, dass fremde Personen mit Ihrem Werk eine finanzielle Wertschöpfungskette fördern. Beispiel: Buchautor E nutzt eine fremde Grafik für sein Fachbuch, das wiederum von einem Verlag käuflich zu erwerben sein wird. Sie haben mit Ihrer Grafik zu einem Produkt unter Bezahlschranke beigetragen. Damit ist das von der Organisation Creative Commons aufgestellte Merkmal „kommerziell" erfüllt. Wäre die betreffende Grafik nur „nicht-kommerziell" zu verwenden, wäre die Nutzung in diesem Beispiel rechtswidrig.

Beispiel zu Zweifelsfällen

Ein Museum organisiert mit Mitteln der öffentlichen Hand eine für Besucher kostenfreie Ausstellung. Im Foyer des Museums wird ein Ausstellungskatalog zum Selbstkostenpreis angeboten. Liegt hier eine kommerzielle Nutzung vor oder ist die Verwertung der Fotos als nicht-kommerziell einzustufen? Versteht man das NC-Modul als ein Verbot von Handlungen, die auf finanzielle Einnahmen gerichtet sind, wäre die Nutzung der Fotos mit der Kennzeichnung nicht-kommerziell rechtswidrig. Versteht man das NC-Modul mehr in einer gemeinnützigen Funktion zur Förderung von Kultur und Wissenschaft, fällt es schwer, bei einer Refinanzierung eines kulturellen Projektes eine kommerzielle Nutzung anzunehmen.

Eine Regel lässt sich für die vielen Fälle, in denen Refinanzierungen eine Rolle spielen, nicht aufstellen. Hier bleibt dem Nutzer nichts anderes übrig, Risiken abzuwägen oder von vorneherein auf Werke mit dem unklar formulierten „nicht-kommerziell" zu verzichten.

Interessant ist, dass selbst innerhalb der Creative-Commons-Organisation das NC-Modul als eine Bedingung genannt wird, die zu Abgrenzungsschwierigkeiten führt. Nach längeren Ausführungen über Graubereiche kommen die Autoren der Broschüre zu folgendem Fazit: „Ein Verzicht auf das NC-Modul und die Einschränkungen, die es mit sich bringt, vermeidet solche Unsicherheiten."

5.3.2.5 Schritt 5 – Bearbeitungen erlauben?

Sie wollen nicht, dass Fremde Ihr Werk einfach verändern, etwas herausnehmen oder hinzufügen? Wenn ja, dann hält der „CC-Baukasten" auch dafür ein Restriktionssymbol parat (siehe Grafik, Schritt 5).

5.3.2.6 Schritt 6 – Darf zu anderen CC-Bedingungen verbreitet werden, als Sie es ursprünglich getan haben?

Wenn Sie die Bearbeitung Ihres Werkes durch Fremde erlaubt haben, dann kann es natürlich vorkommen, dass sich Bearbeiter auf den Standpunkt stellen: „Jetzt ist das aber auch mein Werk!". Und dann meinen diese Bearbeiter, dass sie auch entscheiden dürfen, wie das nunmehr natürlich im Auge des Bearbeiters aufgewertete Werk weiter zu verbreiten ist.

Dem können Sie einen Riegel vorschieben. Indem Sie das „Copyleft Zeichen" (siehe Schritt 6 der Grafik) verwenden. Es weiß zwar niemand, was das ist und bewirkt, aber es ist verbindlich damit gesagt,

dass der Bearbeiter nur unter Ihrer ursprünglichen Bedingung weiter-
verbreiten darf.

5.3.2.7 Schritt 7 – Ehre wem Ehre gebührt – Namensnennung

Falsche Bescheidenheit kann manchmal schaden. Und so haben Sie
mit dem „Person Zeichen" mit dem Kürzel BY die Möglichkeit, den
Nutzer zur Nennung Ihres Namens zu bewegen. Aber nicht nur der
Name des Urhebers oder der Urheberin ist vertragliche Pflicht bei der
Restriktion von Open Content mittels der CC-Bedingung „Namensnennung". Auch die Angabe der Quelle, z. B. „Nationale Akademie
der Wissenschaften", ist durch Linksetzung anzugeben, wenn von den
Publizierenden ein Link zur Quelle angegeben wurde. Für die Ver-
öffentlichende empfiehlt sich dieses insbesondere dann, wenn der
jeweiligen Organisation ein „Image-Gewinn" damit zukommt. Bei der
„Namensnennungs-Bedingung" entsprechend CC-Vorgaben gilt für
den Nutzenden, dass er sie einhält. Tut er das nicht, und das gilt für alle
auferlegten Restriktionen der CC-Lizenzen, ist die Lizenz ungültig und
die Nutzung damit rechtswidrig.

Die Creative-Commons-Organisation (01.09.2021) teilt hierzu mit

„Die Namensnennung muss in der aktuellen Lizenzversion 4.0 in
‚angemessener Form' erfolgen. Die CC-Lizenz ist hier bewusst vage
gehalten, um alle möglichen Medien und Kontexte zu erfassen. Grundregel: Die Namensnennung/Attribution und der Hinweis auf die CC-
Lizenz sollte sich so nah wie möglich am Inhalt befinden. Es kann aber je
nach Publikationsart auch eine übliche andere Stelle ausreichend sein für
den Hinweis: bei einem Buch etwa eine zentrale Bildnachweisseite, bei
einem Video etwa der Vor- oder Abspann.[1]

Wo genau die Attribution zu erfolgen hat, richtet sich nach allgemeinen Maßstäben der CC-Lizenz – und nicht nach dem, was ein:e
Lizenzgeber:in möglicherweise individuell verlangt.

---

[1] Creative Commons Organisation, CC Germany (01.09.2021): FAQ, https://de.creativecommons.
net/faqs/.

Was genau an Information angegeben [werden] muss – ob etwa der echte Name oder ein Künstlerpseudonym –, hängt davon ab, was Lizenzgeber:innen festlegen. Dies kann neben einer Autorin zum Beispiel auch der zugehörige Verlag sein, der ihren Text herausgibt. Auf Wunsch können Lizenzgeber:innen auch anonym bleiben.

Sofern ein Link zur Quelle angegeben ist, ist die Übernahme des Links Pflicht (sofern dies praktikabel ist).

Weiter ist vorgeschrieben, dass ein Hinweis auf den konkreten Lizenztext angebracht ist. Dies kann ein Link auf den Lizenztext sein. Ein Link auf dem Lizenztext ist ein unmissverständlicher Verweis. Allerdings erlaubt die Lizenz neben dem Link auch einen URI, einen Uniform Resource Identifier, also eine klar zuordenbare Bezeichnung.

Ein amerikanisches Gericht hat entschieden, dass es genügt, wenn die genaue Lizenz einschließlich der genauen Lizenzbedingungen und Versionsnummer klar bezeichnet wird, also beispielsweise CC BY-SA 2.0. In Deutschland gibt es noch keine Entscheidungen, was neben dem Link noch als URI im Sinne der Lizenz gilt. Ein bloß pauschaler Hinweis auf „CC-Lizenzen", aus dem nicht ersichtlich ist, welcher konkrete Lizenztext gemeint ist, genügt den Anforderungen nicht.

Von Creative Commons gibt es hierzu eine Reihe von Best Practices für die richtige Attribution. Auch der Lizenzhinweisgenerator der Wikimedia Foundation kann bei Materialien aus Wikimedia Commons weiterhelfen."

Ihr Transfer in die Praxis

Die einzelnen Schritte zur Restriktion offener Inhalte geben Ihnen die Möglichkeit, je nach Ihrer Interessenlage, nur die Rechte einzuräumen, die für Ihr individuelles Open Content Vorhaben ausreichend sind. Abzuwägen gilt es in der Praxis jedoch auch, dass zu viele Restriktionen potentielle Nutzer abschrecken bzw. verunsichernd wirken können.

5.4   Open Content aus der Sicht der Urheber und Urheberinnen

Bei der Entstehung des Urheberrechtsgesetzes war die vorrangige Intention des Gesetzgebers, Künstlern ein Instrument zum Schutz ihres „geistigen Eigentums" und zur Sicherung ihres Lebensunterhaltes zur Seite zu stellen. Erst danach stellte sich die Frage nach den Grenzen des geistigen Eigentums zu Gunsten der Förderung von Kunst, Wissenschaft, Lehre und Kultur. Nicht vorauszuahnen war damals eine gesellschaftliche Bewegung, die unter dem Begriff „Open Content" schöpferische Leistungen vergütungsfrei und ohne Restriktionen der Nutzung jedermann zur Verfügung stellen will.

Die Konstruktion unabdingbarer Urheberpersönlichkeitsrechte sowie insbesondere der Anspruch auf eine angemessene Vergütung als fundamentale Grundsätze des Urheberrechts geraten zwangsläufig in eine Kollision mit der Idee „Open Content". Je nach Stellung des Urhebers, dessen Werke durch eine Organisation, wie etwa einer Universität, für jedermann honorarfrei geöffnet werden, tritt dieser Konflikt mal mehr und mal weniger deutlich zu Tage. So bedeutet für eine freie Fotografin die Veröffentlichung ihrer Werke durch einen Auftraggeber, der gerade an einer freien Nutzung der Werke durch die Allgemeinheit interessiert ist, eine schwerwiegende Beschränkung von Vergütungsansprüchen und urheberrechtlich zugesicherten Statusregelungen.

Weniger dramatisch mögen die Folgen der Open-Content-Nutzungen für eine Arbeitnehmerin sein; ihre wirtschaftliche Absicherung besteht ja durch das Arbeitsverhältnis, in dessen Rahmen Werke erstellt werden.

Wiederum ganz anders stellt sich die Situation für Professorinnen und Professoren dar, die im Rahmen ihrer Tätigkeiten Werke erstellen: Der Grundsatz der Freiheit von Lehre und Forschung führt hier nicht „automatisch" zur Einräumung exklusiver Nutzungsrechte durch die Arbeit gebende Hochschule.

Nachfolgend geht es darum, wie eine einvernehmliche Lösung zwischen Werkschaffenden und Open-Content-Publizierenden geschaffen werden kann. Zu berücksichtigen ist dabei der dem Urheberrecht innewohnende Gedanke des Interessenausgleiches zwischen Nutzer- und Urheberinteressen.

5.4.1 Freie Fotografinnen und Fotografen

Aus der Sicht der freischaffenden Künstler kann man nur sagen: Alles ist dahin! Ist ihr Werk mit ihrer Zustimmung einmal als Open Content publiziert, endet jegliche Herrschaft einschließlich weiterer wirtschaftlicher Verwertungen für die Künstler.

Wenn doch das Urheberrecht genau diese Situation grundsätzlich eben nicht herbeiführen will, wie kann dann eine rechtskonforme vertragliche Regelung über diesen „Total Buy-out" aller denkbaren Rechte getroffen werden? Man könnte sich ja auf den Standpunkt stellen, dass eine Urheberin schon weiß, was sie macht, wenn sie sich auf Auftragsbedingungen wie Open Content einlässt. Aber dieser Selberschuld-Gedanke entspricht eben nicht dem Urheberrecht. Es wollte einbeziehen, dass zwischen Künstler und Auftraggeber ein wirtschaftliches Machtgefälle besteht. Aus diesem Gedanken heraus wurde der unabdingbare Anspruch auf eine angemessene Vergütung in das Urheberrecht aufgenommen (§ 32 UrhG).

> **Beispiel zur Konfliktlage**
>
> Ein Tourismusverband beauftragt Fotografinnen und Fotografen mit der Erstellung künstlerisch anspruchsvoller Fotografien von Sehenswürdigkeiten. Diese Bilder hält der Tourismusverband zum Download und zur Nutzung durch jedermann unter der CC0-Lizenz in einer öffentlich zugänglichen Datenbank vor. Die Fotografin kann nicht einmal dann Vergütungsansprüche geltend machen, wenn ein Nutzer ihre Bilder kommerziell etwa in einem Portal für Ferienhäuser verwertet. Nicht einmal die Namensnennung der Fotografin ist Bedingung der Weiternutzung.
>
> Es liegt auf der Hand, dass hier ein erhebliches Ungleichgewicht zwischen Vergütungsinteressen und einer extrem weitreichenden Verwertung durch einen unbegrenzten Nutzerkreis besteht.

Da ein Interessenausgleich zwischen Nachnutzenden des Open Contents und den Urhebern nicht möglich ist, muss der Ausgleich zwischen Urheber und dem Auftraggeber, der die fremden Werke öffnet, gesucht werden. Dieser Ausgleich kann zunächst nur in einer Vergütung bestehen, die die oben benannte Konfliktlage genügend berücksichtigt. Hinzu kommt die Einbeziehung der Nichtausübung von Urheberpersönlichkeitsrechten, insbesondere dem der Namensnennung. Diese Punkte müssen vertraglich ausdrücklich zwischen Urheberinnen und Auftraggeberinnen geregelt sein.

Was wäre denn nun eine angemessene Vergütung für Bilder, die dem Auftraggeber zur Open-Content-Publikation überlassen werden? Eine Orientierung bietet die Vergütungspraxis bei der Einräumung exklusiver Nutzungsrechte mit ihren weitreichenden Unterlizenzierungsrechten (siehe Abschn. 1.6.2). Tagessätze der Fotografinnen und Fotografen von 1800 € pro Tag sind dann keine Seltenheit.

Ob das alles so, wie hier beschrieben, vor Gericht Bestand hat, ist derzeit nicht einzuschätzen. Insoweit müssen Auftraggebende mit dieser Rechtsunsicherheit leben. Unbedingt erforderlich ist, bevor auch nur ein fremdes Werk eines freien Berufsfotografen im Rahmen eines Open-Content-Konzeptes publiziert wird, die fachanwaltliche Beratung.

Open Content als Geschäftsmodell von Fotografinnen und Fotografen
Die andere Seite der Medaille ist die, dass es sich wirtschaftlich für freie Fotografen und Fotografinnen lohnen kann, Open-Content-Aufträge anzunehmen. Wird die Open-Content-Publikation des Auftraggebers eingepreist und kann der Auftragnehmer die angefertigten Fotos aufgrund einer sehr speziellen Thematik nicht weiter vermarkten, kann die Einräumung „sämtlicher Rechte ohne Befristungen" für ihn eine wirtschaftlich attraktive Lösung sein.

Beispiel einer wirtschaftlich sinnvollen Open-Content-Produktion
Ein Feuerwehrkreisverband benötigt Sachaufnahmen von speziellen Rettungswerkzeugen. Die Wahrscheinlichkeit einer Zweitvermarktung dieser speziellen Fotos erscheint nicht sehr hoch. Dem Fotografen als Auftragnehmer würde somit keine Einnahme entgehen. Wird die Open-Content-Nutzung im Honorar deutlich abgebildet, kann es sinnvoll sein, bei schwer zu vermarktenden Fotothemen, derartige Aufträge anzunehmen.

5.4.2 Werke von Arbeitnehmern und Arbeitnehmerinnen

Für Arbeitnehmer und Arbeitnehmerinnen gilt, dass Nutzungsrechte an ihren Werken, die im Rahmen der arbeitsvertraglichen Verpflichtungen erstellt werden, dem Arbeitgeber ausschließlich zur Verwertung zustehen. Der Arbeitgeber erwirbt die exklusiven Nutzungsrechte an den Werken seiner Arbeitnehmer. Auch noch nach Beendigung des Arbeitsverhältnisses bestehen die weitreichenden ausschließlichen Nutzungsrechte zu Gunsten des Arbeitgebers. Unberührt davon bleibt die Stellung als Urheber des Arbeitnehmers.

Hat der Arbeitgeber vor, Werke von Arbeitnehmenden als Open Content zu publizieren, kann er dieses auf der Grundlage seiner Stellung als exklusiv Nutzungsberechtigter ohne weitere Absprachen tun.

5.4.3 Werke von Professorinnen und Professoren

Für Hochschullehrer gilt, dass sie in der Regel alleinige Berechtigte an den von ihnen geschaffenen Werken sind. Es liegt in der freien Entscheidung, ob sie ihre Werke einer Open-Content-Publikation ihrer Hochschule überlassen. Diese Grundregel entgegen der eines „normalen" Arbeitnehmers stammt aus dem Gedanken der besonderen Freiheit von Forschung und Lehre.

Will die Universität die Inhalte von Hochschullehrern als Open Content publizieren, bedarf es daher hierzu genauer Absprachen zwischen den Beteiligten.

Anders liegt der Fall, wenn beispielsweise im Rahmen einer Beauftragung zu einer Forschungsarbeit Abreden über Publikationsrechte getroffen wurden. Hier ist dann zu prüfen, ob der beauftragenden Universität Nutzungsrechte in der für Open-Content-Publikationen erforderlichen Weite zustehen.

5.4.4 Werk von Studierenden

Ähnlich wie bei Werken von Professorinnen und Professoren haben die Studierenden an ihren Arbeiten Autorenrechte. Das bedeutet, dass nur der Studierende allein darüber bestimmt, ob, wie, von wem und auf welche Weise ihre Werke publiziert werden können.

Sollen Inhalte von Studierenden als Open Content veröffentlicht werden, bedarf es also auch hier einer Absprache zwischen Studierenden und Universität.

Ihr Transfer in die Praxis

Wenn Sie als Auftraggeber oder Auftraggeberin Werke zur Open-Content-Nutzung anfertigen lassen möchten, bedarf es hierüber einer ausdrücklichen Vereinbarung mit den Auftragnehmenden. Es empfiehlt sich, das Vorhaben in einem Vertrag zur Auftragserteilung zu beschreiben und darzulegen, dass es Ihr Ziel ist, die Werke als Open Content unter bestimmten Open-Content-Lizenzen in den Verkehr zu bringen.

5.5 Bedenken und Rechte der Geber offener Lizenzen

Stellen Sie sich folgende Konstellation vor: Ein renommiertes Institut stellt Inhalte im Zusammenhang mit der Corona-Pandemie der Öffentlichkeit unter einer CC-Lizenz zur Verfügung. Darunter befindet sich auch eine Grafik zum Pandemieverlauf in Skandinavien. Diese Grafik wird von einer Gruppe hartnäckiger Kritiker der Gesundheitspolitik des Bundes als Beweis für überzogene Maßnahmen mit entsprechender Kommentierung auf Facebook veröffentlicht. Entsprechend der CC-Bedingung „Namensnennung" werden Urheberorganisation und Herkunft der Grafik in dem Beitrag genannt. Das Institut zeigt sich nicht begeistert von der Verbreitung in diesem Zusammenhang. Denn es entsteht der Eindruck, als teile der Inhaltsersteller die Schlussfolgerungen der Maßnahmenkritiker. Kann das Institut sich gegen diese Nutzung wehren?

5.5.1 Fair-Use-Grundsatz nicht anwendbar

Im Zusammenhang mit Creative-Commons-Lizenzen wird häufig auf den US-amerikanischen Copyright-Grundsatz verwiesen. Dieser gelte neben den Lizenzbedingungen. Das ist so nicht richtig.

Danach muss eine nicht autorisierte Verwendung von geschütztem Material im Rahmen der Förderung der Wissenschaft und der Künste angemessen sein, damit sie legal erfolgt.

Im Gegensatz zum europäischen Urheberrecht besteht bei der Beurteilung der Angemessenheit ein Ermessensspielraum bei der Beurteilung, ob die Nutzung der Förderung der Wissenschaft und der Künste dient. Es bestehen anders als im europäischen Recht keine detaillierten Schrankenbestimmungen (siehe Kap. 3). Vielmehr müssen die Gerichte in jedem konkreten Einzelfall die Grenzen einer „fairen Nutzung" im Rahmen einer privilegierenden Norm definieren.

Die Berufung auf „Fair Use" würde den Rechteinhabern des eingangs beschriebenen Beispiels nicht helfen, da er im europäischen Rechtsraum keine Anwendung findet. Wohl aber wird ein Interessenausgleich im Einzelfall vorgenommen, der an die „Fair-Use-Grundsätze" erinnert.

5.5.2 Vertragliche Grenzen bei Creative-Commons-Inhalten

Wie bereits beschrieben (siehe Abschn. 5.1), sind auch Creative-Commons-Lizenzen vertragliche Lizenzen. Zwischen dem Rechteinhaber und dem Rechtenutzenden liegt ein Vertragsverhältnis über die Nutzung vor. Dieses ist jedoch nicht durch individuelle Absprachen gekennzeichnet, sondern allein durch die jeweilig genutzte CC-Lizenz. Dass diese Lizenzen vorgefertigt und standardisiert sind, beeinträchtigt ihre Verbindlichkeit nicht. Das bedeutet, dass sich Nutzende und Einstellende auf vertraglicher Basis an die Nutzungsbedingungen der jeweiligen CC-Lizenz zu halten haben.

Ob eine Nutzung urheberrechtlich erlaubt ist, beurteilt sich allein nach der Rechteeinräumung entsprechend der CC-Lizenz. In dem Eingangsbeispiel zu diesem Abschnitt „Corona Maßnahmengegner" kann sich das Institut nicht aus dem Urheberrecht gegen die Nutzung durch Kritiker wehren.

Beispiel einer Nutzung, die der CC-Lizenzgeber hinnehmen muss

Ein körperschaftlich organisierter Tourismusverband berichtet über Fahrradkulturrouten und stellt seine Inhalte unter den Bedingungen von verschiedenen CC-Lizenzen zur Verfügung. Unter anderem befindet sich auf der Website der Tourismusorganisation das unter CC-Lizenz zu verbreitende Foto eines bekannten Ausflugszieles mit Gastronomie. Frau A war mit dem Mittagessen dieses Lokals unzufrieden und macht sich mittels eines Facebook-Kommentares Luft. Hierzu postet sie das unter CC-Lizenz gestellte Foto des Tourismusverbandes.

Aus dem Urheberrecht kann sich der Tourismusverband beispielsweise nur dann wehren, wenn das betreffende Foto mit der CC-Lizenz „Bearbeitungsverbot" versehen wäre und A die Kritik in das Bild (Pixelebene) hineingeschrieben hätte. Der Tourismusverband muss eine Nutzung, die der jeweiligen CC-Lizenz entspricht, hinnehmen, auch dann, wenn das Bild in den Augen des Verbandes missbräuchlich genutzt wird.

Grenzen finden derartige Nutzungen nicht im Urheberrecht, jedoch in allgemeinen Gesetzen zum Schutze der Ehre, dem Recht auf informationelle Selbstbestimmung, dem Gesetz gegen den unlauteren Wettbewerb sowie auch im Bürgerlichen Gesetzbuch (z. B. Eingriff in den eingerichteten und ausgeübten Gewerbebetrieb). Zu bedenken ist dabei, dass sich hier jedoch nicht der Tourismusverband aus den genannten Gesetzen gegen die Veröffentlichung wenden kann, sondern nur der unmittelbar Geschädigte, also der oder die Inhaberin des Gastronomiebetriebes.

5.5.3 Schutz durch CC-Bedingung zur Namensnennung

Der Creative-Commons-Organisation waren und sind die in den beiden oberen Abschnitten beschriebenen Problematiken der „unerwünschten" Nutzung bewusst. Daher taucht selbst bei den sogenannten 0 Lizenzen z. B. auf Wikipedia immer wieder der Hinweis auf, man möge bei einer Namens- und Herkunftsnennung damit nicht den Eindruck erwecken, dass die Lizenzgeber die Ziele und Meinungen der Lizenznehmer teilen.

Unliebsame Nutzungen offener Inhalte

Offene Inhalte unterliegen grundsätzlich keinen Beschränkungen des Veröffentlichungszusammenhangs, in denen Nutzende die Inhalte publizieren. Lediglich die CC-Lizenzen bieten eine eingeschränkte Möglichkeit Nutzungen zu kommerziellen Zwecken zu untersagen. Im Bereich der Meinungsausübung und in politischen und religiösen Kontexten bietet das Restriktionssystem der CC-Lizenzen keinen urheberrechtlichen Schutz bei Nutzungen, die für den Lizenzgeber in einem unerwünschten Zusammenhang wiedergegeben werden.

So wäre etwa der Hinweis „mit freundlicher Genehmigung" eine Überschreitung der CC-Lizenzbedingungen. Es darf also nicht der Eindruck erweckt werden, um zum Eingangsbeispiel zurückzukehren, der Tourismusverband würde die Restaurantkritik der A teilen oder irgendetwas damit zu tun haben. Hier könnte der Tourismusverband als Rechteinhaber und Lizenzgeber gegen A unmittelbar vorgehen und sich auf die Unrechtmäßigkeit der konkreten Nutzung berufen.

Ihr Transfer in die Praxis

Open-Content-Anbieter können bei Kenntnis der Risiken „unerwünschte Nutzungen" mögliche Schäden gegenüber den Vorteilen der Verbreitung ihrer Angebote bei emotional aufgeladenen Themen abwägen. Dass Inhalte einer Einrichtung in einem Kontext genutzt werden, die der Einrichtung fernliegt, wird vermutlich immer mal wieder geschehen. In der Praxis kann sich die Einrichtung auch nicht vollständig auf konkrete zukünftige „unliebsame Nutzungen" vorbereiten. Was vielleicht heute nur für einen kleinen Kreis von Spezialisten und Spezialistinnen nützlich ist, kann morgen schon im Zuge des Zeitgeschehens von großer kontroverser Bedeutung sein. Einen Schutz gegen die Übernahme von Open-Content-Inhalten in für die Herausgeber unliebsamen Zusammenhängen kann es niemals vollständig geben. Denn Nutzende können sich, sofern die Bedingungen zur Zitierung erfüllt sind, bei einer „Übernahme" der fremden Inhalte auf die gesetzliche Lizenz „Zitatrecht" berufen.

Literatur

Creative Commons Organisation, CC Germany (01.09.2021): FAQ, https://de.creativecommons.net/faqs/. Zugegriffen: 29.06.2022

6

Spezielle gesetzliche Lizenzen zur Privilegierung von Wissenschaft, Forschung, Lehre und Kultur

Was Sie aus diesem Kapitel mitnehmen

In diesem Kapitel erfahren Sie, welche gesetzlichen Lizenzen der Gesetzgeber speziell zur Förderung der Wissenschaft, Forschung, der Lehre und der Kultur zur Angleichung des Urheberrechts an die aktuellen Erfordernisse der Wissensgesellschaft mit dem Urheberrechts-Wissensgesellschafts-Gesetz (UrhWissG) geschaffen hat. Es geht um die speziellen zustimmungsfreien Nutzungen von urheberrechtlich geschützten Texten, Bildern und Filmen in Schulen, Universitäten und Bibliotheken. Diese sind im Urheberrechtsgesetz mit den §§ 60a bis 60h geregelt und werden in dem folgenden Kapitel beschrieben.

6.1 Geltung des Urheberrechts-Wissensgesellschafts-Gesetz

Am 1. März 2018 trat das Gesetz zur Angleichung des Urheberrechts an die aktuellen Erfordernisse der Wissensgesellschaft (Urheberrechts-Wissensgesellschafts-Gesetz – UrhWissG) in Kraft.

Das UrhWissG wurde mit den §§ 60a bis 60h UrhG Bestandteil des Urheberrechtsgesetzes.

Die Regelungen betreffen die speziellen urheberrechtlichen Nutzungshandlungen im Bereich der Bildung und der Wissenschaft. Für Institutionen aus diesen Bereichen bestehen konkrete Nutzungsbefugnisse. Diese sind so ausgestaltet, dass Nutzende ohne Zustimmung der Urheber und sonstiger Rechtsinhaber fremde Inhalte nutzen dürfen (gesetzliche Lizenzen). Es geht dabei um die gesetzlich erlaubten Nutzungen von urheberrechtlich geschützten Texten, Bildern und Filmen in den Einrichtungen der Schulen, der Universitäten und der Bibliotheken.

Die neuen Regelungen waren zunächst bis Ende Februar 2023 befristet. Diese Befristung wurde durch das Gesetz zur Anpassung des Urheberrechts an die Erfordernisse des digitalen Binnenmarktes vom 31. Mai 2021 (BGBl. I Nr. 27, Seite 1204) aufgehoben. Durch dieses Gesetz wurden zudem die §§ 60a bis 60h des Urheberrechtsgesetzes in Umsetzung der DSM-Richtlinie (EU) 2019/790 in einigen Punkten zu Gunsten digitaler Nutzungen und zur Übersichtlichkeit der Regelungen geändert.

Übersicht zu den Regelungen des Urheberrechts-Wissensgesellschafts-Gesetzes

- Mit den §§ 60a bis 60h des Urheberrechtsgesetzes sind die Nutzungsbefugnisse für Unterricht, Forschung und Wissensinstitutionen konkret geregelt;
- dabei wird überwiegend auf unbestimmte Rechtsbegriffe verzichtet;
- die Nutzungsbefugnisse sind so ausgeweitet, wie dieses nach dem Recht der Europäischen Union zulässig ist;
- die erlaubten Nutzungen sind i. d. R. an einen gesetzlichen Anspruch der Urheber auf angemessene Vergütung gekoppelt,
- der Vergütungsanspruch ist über Verwertungsgesellschaften geltend zu machen;
- in § 60d des Urheberrechtsgesetzes besteht erstmals eine urheberrechtliche Regelung zum „Text und Data Mining";
- die „Anschlusskopie" in Bibliotheken bei der Nutzung von Terminals ist nunmehr geregelt. Bundesministerium der Justiz (15.07.2021).

6.1.1 Aufbau des Urheberrechts-Wissensgesellschafts-Gesetz

Die §§ 60a bis 60h sollen einen Interessenausgleich zwischen Nutzenden und den Rechteinhabern herstellen. Das führt dazu, dass eine gesetzliche Lizenz, insbesondere die des § 60a „Veranschaulichung des Unterrichts und der Lehre" eine Vielzahl von Beschränkungen des Lizenzumfanges (Schranken der Schranke, siehe Kap. 3) benennen und dabei wiederum Ausnahmen mit sogenannten Rückausnahmen gemacht werden.

Die Regelung des § 60a UrhG beinhaltet die Voraussetzungen einer gesetzlichen Lizenz zur Nutzung fremder Inhalte zum Zweck des Unterrichts und der Lehre. Diese zustimmungsfreie Nutzung von urheberrechtlich geschützten Leistungen wurde geschaffen, damit das Recht auf Bildung nicht durch eine schrankenlose Ausübung des Rechts am geistigen Eigentum vereitelt wird.

Die Interessen der Urheberinnen und der Urheber werden jedoch mittels dezidierter gesetzlicher Bedingungen zur Nutzung berücksichtig. So besteht die Privilegierung der Nutzenden auch nur dann, wenn die fremden Inhalte nicht zur Verfolgung kommerzieller Zwecke dienen und sie ausschließlich zur Veranschaulichung des Unterrichts dem Kreis der Unterrichteten zur Ansicht gebracht werden.

Es kommt bei der Beurteilung der rechtmäßigen Nutzung daher auf die individuellen Umstände, also den Einzelfall an. Bei der hohen Anzahl möglicher Fallkonstellationen lassen sich jedoch typische Sachverhalte als Beispiele darstellen.

Verhältnis gesetzlicher Lizenzen gegenüber Individualabsprachen
Kann ein Rechteinhaber die Berufung auf eine gesetzliche Lizenz durch Vereinbarung mit dem Nutzenden ausschließen? Nein. Das würde dem Zweck der Privilegierungen der Nutzungshandlungen in der Lehre, Wissenschaft und Kultur zuwiderlaufen. Ein vertraglicher Verzicht auf die Nutzung im Rahmen einer gesetzlichen Privilegierung ist nicht rechtswirksam.

**Was ist mit der Erlaubnis zur „öffentlichen Zugänglichmachung"
im Rahmen von privilegierten Nutzungen gemeint?**
Mit der „öffentlichen Zugänglichmachung" ist insbesondere die
Online-Verfügbarkeit der Inhalte gemeint. Ein folgenschweres Miss-
verständnis ist es, wenn „Öffentlichkeit" so verstanden wird, dass die
Inhalte für jedermann zur Verfügung stehen dürfen.

Zum Beispiel kann ein Schulreferat, in dem fremde Fotografien enthalten sind, als PDF dem Kreis der Schülerinnen und Schüler sowie
den Lehrenden mittels eines Links zugänglich gemacht werden.[1] Diese
„öffentliche Zugänglichmachung" darf sich jedoch nur auf diesen engen
Personenkreis beziehen. Eine Begrenzung auf einen engen Kreis der
Lehrenden und Lernenden ist z. B. möglich, indem der Inhalt nur über
ein Passwort abrufbar ist.

6.1.2 Bedingungen der Nutzung für den Unterricht und die Lehre

§ 60a UrhG regelt die erlaubten Nutzungen zur Veranschaulichung des
Unterrichts und der Lehre an Bildungseinrichtungen.

§ 60a UrhG im Überblick
Folgende Kriterien müssen für die Nutzung fremder Werke ohne
Zustimmung der Rechteinhaber erfüllt sein:

- die Nutzung nach § 60a UrhG gilt nur für Bildungseinrichtungen. Diese sind frühkindliche Bildungseinrichtungen, Schulen, Hoch-schulen sowie Einrichtungen der Berufsbildung oder der sonstigen Aus- und Weiterbildung;
- der fremde Inhalt muss vor der Nutzung durch die Bildungsein-richtung vom Berechtigten veröffentlicht worden sein;
- fremde Inhalte aus Schulbüchern der öffentlich zugäng-lichen Schulen, Sonderschulen und Berufsschulen dürfen nicht

---

[1] BGH, Urteil vom 10. Dezember 2019, Az. I ZR 267/15.

genutzt werden (Abs. 3 Nr. 2). Lehrbücher anderer Bildungseinrichtungen, insbesondere der Hochschulen, fallen nicht unter diese
Beschränkung;

- der fremde Inhalt muss im Unterricht genutzt werden. Auch
  Nutzungen zur Vorbereitung oder Nachbereitung des Unterrichts
  sowie Nutzungen in Prüfungen sind erlaubt;
- die Nutzungen müssen zur Wissensvermittlung (Veranschaulichung
  des Unterrichts) vorgenommen werden. Reine Unterhaltung der Teilnehmenden ist kein Unterricht im Sinne des § 60a UrhG;
- der Personenkreis, dem die fremden Inhalte gezeigt werden und
  dem die Inhalte zugänglich sind, muss sich auf den Kreis der Unterrichteten beschränken;
- die Nutzungen dürfen nicht zu kommerziellen Zwecken vorgenommen werden;
- es dürfen nur 15 % eines Textes vervielfältigt werden.
- Abbildungen dürfen vollständig vervielfältigt werden;
- Musiknotationen dürfen nicht vervielfältigt werden (Kopien),
  jedoch zum Zeigen der Noten im Unterricht über ein elektronisches
  Medium zum Zweck der Ansicht durch den Teilnehmerkreis der
  Lehrveranstaltung ist die hierfür erforderliche Kopie erlaubt;
- die Urheber der fremden Inhalte sind zu benennen. Ebenso sind die
  Quellen, aus denen die fremden Inhalte stammen, zu benennen; § 63
  UrhG;
- Eine Vergütung, direkt oder über eine Verwertungsgesellschaft für die
  Nutzungen ist nicht in allen Fällen der Nutzung vorgesehen. § 60h
  Abs. 2 Nr. 1 UrhG.

6.1.3 Nicht kommerzieller Unterricht

Nutznießer der gesetzlichen Lizenz des § 60a UrhG können nur
Bildungsträger und Lehrende sein. Diese dürfen keine kommerziellen
Absichten mit der Werknutzung im Unterricht verfolgen. Über den
Begriff „nicht kommerziell" im Sinne des § 60a UrhG besteht häufig
Unsicherheit. Sind beispielsweise die Nutzungen einer Dozentin schon
dann kommerziell, wenn sie eine Vergütung für ihre Lehrtätigkeit
erhält? Oder wenn „Kursgebühren" erhoben werden?

Entscheidend ist nicht, dass gegen Honorar oder Erhebung von „Teilnahmegebühren" unterrichtet wird. Auch nicht, ob es sich um einen privaten Bildungsträger oder um öffentlich-rechtlich organisierte Träger der Bildungsveranstaltungen handelt. Werden vom Bildungsträger „Selbstkosten" erhoben, so führt dieses auch nicht „automatisch" zu einer kommerziellen Nutzung.

Beispiele für kommerzielle und nicht kommerzielle Nutzungen im Unterricht

Kommerzielle Nutzung: Eine sich in privater Hand befindliche Akademie zur Fortbildung der Gestaltung von Websites verwendet im Unterricht diverse Grafiken aus dem „Jahrbuch der Werbung". Das Fortbildungsprogramm der Akademie richtet sich an Mitarbeitende des Marketings und der Werbung in Unternehmen. Die Kursteilnahme erfolgt gegen ein Entgelt von 1200 € pro Tag, in dem auch die Überlassung der Unterrichtsmaterialien mit fremden Werken enthalten ist. In diesem Beispiel erfolgt die Nutzung der fremden Grafiken zwar zur Unterrichtung, aber diese geschieht mit dem Zweck der Gewinnerzielung des Fortbildungsunternehmens. Zum Vervielfältigen und Präsentieren der fremden Grafiken benötigt die Akademie eine vertragliche Lizenz mit den Rechteinhabern der Grafiken. Die Akademie kann sich nicht auf die gesetzliche Lizenz § 60a UrhG stützen.

Nicht kommerzielle Nutzung: Eine Fortbildungsakademie für Bibliothekare der Bibliotheken eines Bundeslandes veranstaltet Workshops zum Urheberrecht. Hierfür berechnet die Akademie „Teilnahmegebühren" zur Deckung der Selbstkosten. Dieser Umstand allein bewirkt noch nicht, dass die Nutzung fremder Inhalte als kommerziell einzustufen ist.

Für die Unterscheidung soll allein bestimmend sein, ob mit dem *Zweck der konkreten Nutzung* Absichten der Gewinnerzielung verbunden sind. Natürlich fließen bei dieser Betrachtung zur Einstufung auch die organisatorischen Strukturen und die Finanzierungsmodelle des Bildungsträgers ein. So sollen Nutzungen im Rahmen eines auf Gewinnerzielung ausgerichteten Unterrichts wie bei kommerziellen privaten Sprachinstituten als kommerziell und damit als zustimmungsbedürftig eingestuft sein (Dreier & Schulze 2022).

Letztendlich bleibt die Einstufung eine Gratwanderung in jedem Einzelfall. Zum einen soll im Gemeinwohlinteresse der Zugang zur

Bildung und zu Bildungsinhalten gefördert werden und auf der anderen Seite sollen Urheber und Urheberinnen nicht in ihren Rechten so beschränkt werden, dass zustimmungsfreie und sogar vergütungsfreie Nutzungen von Teilen ihrer Werke zum Geschäftsmodell Dritter werden.

6.1.4 Kreis der Begünstigten

Nur den Teilnehmenden der jeweiligen Bildungsveranstaltung dürfen die fremden Inhalte zur Verfügung gestellt werden. Dieses gilt auch für den Online-Unterricht und die digitale Verfügbarkeit der Inhalte, z. B. über einen Download-Link.

§ 60a benennt den Kreis der Berechtigten, denen die Inhalte zur Verfügung gestellt werden dürfen:

Berechtigt sind Lehrende und Teilnehmer der jeweiligen Veranstaltung, Lehrende und Prüfer an derselben Bildungseinrichtung sowie Dritte, soweit dies der Präsentation des Unterrichts von Unterrichts- oder Lernergebnissen an der Bildungseinrichtung dient. Letzteres der Aufzählung betrifft z. B. Eltern während einer Feierlichkeit der Bildungseinrichtung sowie auch Besucher eines Tages der offenen Tür einer Schule. Zum Zwecke der an die Öffentlichkeit gerichteten Information über den Unterricht, soll es auch möglich sein, Lehrmaterialien im Rahmen der Information über den Unterricht auf der Website der Einrichtung zu präsentieren (Dreier & Schulze 2022).

6.1.5 Umfang der Nutzungen

Gemäß § 60a Abs. 1 UrhG dürfen bis zu 15 % eines veröffentlichten Werkes „vervielfältigt, verbreitet, öffentlich zugänglich gemacht und in sonstiger Weise öffentlich wiedergegeben werden."

Auch Abbildungen (Fotografien und Grafiken) sind in den Umfang der Nutzungen einbezogen. Abbildungen unterliegen keiner Prozentregelung. Folgt man dem Wortlaut des Gesetzestextes, bezieht sich die Erlaubnis nur auf Abbildungen aus Fachzeitschriften, wissenschaftlichen Zeitschriften, Werken geringen Umfangs und vergriffenen Werken.

Damit stellt sich die Frage, ob zum Beispiel ein im Internet frei zugänglicher Foto zustimmungsfrei in Unterrichtsmaterialien und Arbeiten im Rahmen der Lehre wiedergegeben werden dürfen. Hierzu werden unterschiedliche Meinungen vertreten. Anschließen kann man sich der Meinung, dass eine Ausdehnung über den Wortlaut des § 60a Abs. 2 UrhG hinaus auf frei im Internet zugängliche Fotos möglich ist, weil sich die Arbeitsweisen im Bereich von Unterricht und Lehre hin zur Nutzung digitaler Medien verschieben.

6.2   Gesetzliche Lizenz für Unterrichts- und Lehrmedien

Nicht unähnlich der gesetzlichen Lizenz „Unterricht und der Lehre" (§ 60a UrhG) ist die Privilegierung der Nutzungen fremder Werke und Teile fremder Werke in „Unterrichts- und Lehrmedien" nach § 60b UrhG. Auch hier, bei der Herstellung von Schulbüchern, hat der Gesetzgeber das Ziel „Wissen und Ausbildung der Gesellschaft" grundsätzlich höher bewertet als das „geistige Eigentum" der Urheberinnen und Urheber.

Der Unterschied im Anwendungsbereich der Lizenz nach § 60b UrhG gegenüber der Lizenz zur Veranschaulichung des Unterrichts und der Lehre gemäß § 60a UrhG besteht darin, dass § 60a UrhG keinen Bezug der Nutzung im Zusammenhang einer Veranstaltung einer Bildungseinrichtung voraussetzt.

Begünstigt werden Verleger als Hersteller von Unterrichts- und Lehrmedien. Schulbuchverlegern soll so ermöglicht werden, fremde Inhalte ohne Zustimmung der Rechteinhaber zu „übernehmen". Gäbe es diese Regelung nicht, würde die Schulbuchproduktion durch Lizenzverhandlungen mit den Rechteinhabern erschwert oder sogar vereitelt. Der Gesetzgeber hat befürchtet, dass dann Schulbücher qualitativ nicht den Anforderungen einer „Wissensgesellschaft" dienen können.

6.3   Gesetzliche Lizenz in der wissenschaftlichen Forschung

Mit der Regelung einer gesetzlichen Lizenz zu Gunsten von Nutzungen zum „Zweck der nicht kommerziellen wissenschaftlichen Forschung" nach § 60c UrhG sollen zustimmungsfreie Nutzungshandlungen ermöglicht werden, die im Rahmen wissenschaftlicher Arbeiten vorgenommen werden. Zum Merkmal „nicht kommerziell" siehe nachfolgenden Abschn. 6.3.2.

Eine Besonderheit der Lizenz nach § 60c UrhG ist, dass die Nutzung der fremden Werke auch unveröffentlichte fremde Inhalte einbezieht. Damit ist es möglich, unveröffentlichte fremde Werke aus Nachlässen zum Zweck der Forschung zu nutzen. Auch soll die Lizenz nach § 60c UrhG die Nutzung von fremden Werken umfassen, deren Vorlage unrechtmäßig verbreitet wurde (Dreier & Schulze 2022).

6.3.1 Nutzungshandlungen

§ 60e UrhG „Wissenschaftliche Forschung" enthält genaue Regelungen zur Nutzung fremder Werke im Rahmen der wissenschaftlichen Forschung. Wie auch in „Unterricht und Lehre" werden in § 60c Abs. 3 UrhG Abbildungen in die privilegierten Nutzungshandlungen eingeschlossen.

§ 60c UrhG „Wissenschaftliche Forschung"
(1) Zum Zweck der nicht kommerziellen wissenschaftlichen Forschung dürfen bis zu 15 % eines Werkes vervielfältigt, verbreitet und öffentlich zugänglich gemacht werden

1. für einen bestimmt abgegrenzten Kreis von Personen für deren eigene wissenschaftliche Forschung sowie

2. für einzelne Dritte, soweit dies der Überprüfung der Qualität wissenschaftlicher Forschung dient.

(2) Für die eigene wissenschaftliche Forschung dürfen bis zu 75 % eines Werkes vervielfältigt werden.

(3) Abbildungen, einzelne Beiträge aus derselben Fachzeitschrift oder wissenschaftlichen Zeitschrift, sonstige Werke geringen Umfangs und vergriffene Werke dürfen abweichend von den Absätzen 1 und 2 vollständig genutzt werden.

(4) Nicht nach den Absätzen 1 bis 3 erlaubt ist es, während öffentlicher Vorträge, Aufführungen oder Vorführungen eines Werkes diese auf Bild- oder Tonträger aufzunehmen und später öffentlich zugänglich zu machen.

6.3.2 Eigenschaften der begünstigten Nutzenden und der Nutzungshandlungen

Auf die Lizenz berufen können sich alle Personen, die wissenschaftliche Arbeiten erstellen. Auch der Privatgelehrte oder ein Angehöriger aus einem praktischen Beruf kann sich auf die Lizenz berufen. Es kommt also nicht darauf an, ob die Nutzenden Akademiker sind oder im Auftrag einer Forschungsstelle handeln. Ausschlaggebend ist, dass die nutzende Person im Rahmen einer methodischen Erkenntnisfindung handelt. Nicht ausreichend ist daher die bloße Zusammenstellung von reinen Informationen. Es sei denn, dass diese gezielt gesammelt werden, um zur Erkenntnisfindung in eine anschließende Arbeit einzufließen.

Nicht-kommerziell im Sinne des § 60c UrhG
Die wissenschaftliche Arbeit muss einen nicht-kommerziellen Hintergrund haben. „Nicht-kommerziell" im Sinne des § 60c UrhG sind zunächst Arbeiten, deren Motivation nicht zur Anbahnung gewerblicher Aktivitäten besteht. Kommerziell ist die Forschung beispielsweise dann, wenn ein Unternehmen die Forschung betreibt, um auf ihrer Grundlage gerade Waren und Dienstleistungen zu entwickeln, damit diese anschließend vermarktet werden können (Dreier & Schulze 2022).

Es kommt demnach bei der Einstufung „kommerziell"/„nicht-kommerziell" nicht darauf an, ob Forschung von der öffentlichen

Hand oder durch Private finanziert und honoriert wird. Entscheidend ist die Stoßrichtung bei der Initiation der Forschung. Forschung, allein heraus motiviert mit Vermarktungsinteresse an deren Ergebnissen, wäre demnach kommerziell und nicht mehr begünstigt. Auch wenn eine Universität private Drittmittel für Forschungstätigkeiten erhält, soll dieses allein noch nicht zur Einstufung „kommerziell" führen.

In der Praxis ist gerade in den Fällen der Drittmittelfinanzierung von Universitäten, z. B. durch Pharmahersteller, schwer eine Grenze zwischen „noch nicht kommerziell" und „doch schon kommerziell" zu ziehen. Eine Möglichkeit wäre hier eine Grenze in der konkreten Vereinbarung zwischen Hochschule und Drittmittelgeber zu suchen. Wird die Forschung eines Institutes einer Hochschule vom Drittmittelgeber regelrecht als Dienstleister „eingekauft", dürfte die Grenze hin zur kommerziellen Forschung überschritten sein.

6.4 Gesetzliche Lizenz bei Text- und Data Mining

Unter Data Mining (zu Deutsch „Daten graben") ist das Sammeln von Daten mittels computergestützter Methoden zur Auswertung im Rahmen der Wissensbildung zu verstehen. Sobald hierbei urheberrechtlich oder urheberrechtlich ähnlich geschützte Inhalte (Leistungsschutzrechte, siehe Abschn. 1.3.2) erfasst werden, muss auch nach einer Berechtigung für die mit dem Data Mining verbunden Nutzungshandlung der Vervielfältigung gefragt werden.

Da das Urheberrecht auch die Interessen der Datenbankhersteller schützt und damit größere Datenbankbestände eines Betreibers nicht ohne Zustimmung vervielfältigt werden können (§ 87b UrhG), spielt die Lizenz dann eine Rolle, wenn Datenbestände einer Datenbank nach „Art oder Umfang" in „wesentlichen" Teilen durch das Mining erfasst und vervielfältigt, also kopiert werden.

Bedeutung des Data Minings für Kulturerbe-Einrichtungen im Bereich der Bilder

Im Bereich der Fotografie, Grafiken, Gemäldereproduktionen und Videos könnte dem Data Mining zukünftig eine besondere Bedeutung zum Erhalt des Kulturerbes zukommen. Zu den Nutznießern gehören dann Museen, Bibliotheken und Archive im Bereich des Film- und Tonerbes, aber auch einzelne Forscher (siehe § 60d Abs. 3 UrhG).

6.5   Gesetzliche Lizenzen der Bibliotheken

Der sogenannte Bibliotheken-Paragraph ist die zentrale Regelung zu den privilegierten Nutzungshandlungen von fremden Werken durch öffentliche Bibliotheken. Waren die gesetzlichen Erlaubnisse zur Nutzung fremder Werke durch Bibliotheken vor der Urheberrechtsreform unübersichtlich im Urheberrechtsgesetz verstreut, so sind diese nunmehr bis auf die Vervielfältigung mit dem § 60e UrhG beschrieben. Mit der letzten Urheberrechtsreform sind Begünstigte des Bibliotheken-Paragraphen auch öffentlich zugängliche kommerzielle Bibliotheken. Sie profitieren von der Regelung zu den (vergütungsfreien) Vervielfältigungshandlungen bei der Bestandserhaltung.

6.5.1 Grundsätze und Aufbau der Regelungen

Der Bibliotheken-Paragraph erlaubt zunächst nur reine Vervielfältigungshandlungen (Kopien) für die bestimmten Zwecke zur unmittelbaren Aufgabenerfüllung der Bibliothek. Bei Verbreitungshandlungen zur Veröffentlichung muss daher immer nach zusätzlichen gesetzlichen oder vertraglichen Rechten geschaut werden.

Übersicht zu den Zwecken des „Bibliotheken-Paragraphen"

Die Regelungen dienen

- der Sicherung des Bestandes,
- der Dokumentation des Bestandes (Katalog),

- der Zugänglichmachung und der Regelung von Anschlussnutzungen,
- der elektronischen Übermittlung an Entleiher und
- der Indexierung.

§ 60e Absatz 2 bis 5 UrhG regelt so auch die „Sonderrechte", die über die Vervielfältigungshandlungen, also das Kopieren, fremder Werke hinausgehen. Beispiele hierfür sind die Weitergaben zum Zwecke der Restaurierung, das Verleihen von Kopien aus dem eigenen Bestand, wenn die Werke vergriffen sind und die Ausstellungsdokumentation zur Verbreitung bei Besucherinnen und Besuchern der Ausstellung.

Für den Bereich der Öffentlichkeitsarbeit und des Marketings der Bibliotheken eröffnet § 60a UrhG keinen Spielraum. Wohl aber § 58 UrhG „Werbung für die Ausstellung und den öffentlichen Verkauf von Werken").

6.5.2 Verwendungen von Abbildungen der Buchcovers durch Bibliotheken

Eine überragende Rolle der Nutzung von Abbildungen bei der Aufgabenerfüllung der Bibliotheken liegt in der Wiedergabe von Buchcovern. Diese bestehen als Grafiken mit urheberrechtlichem Schutz. Zudem werden häufig Fotografien in die Gestaltung von Buchcovern übernommen. Diese genießen wiederum einen eigenen urheberrechtlichen Schutz. Verlage erwerben häufig die Fotografien zur Covergestaltung bei gängigen Bildagenturen mit einem „einfachen Nutzungsrecht" für die Titelgestaltung. Die Verlage können im Falle des derartig minimalem „Rechteeinkauf" die Bibliotheken nicht „unterlizenzieren", Cover zu scannen und in ihre Datenbanken einzustellen oder für Zwecke der Öffentlichkeit zugänglich zu machen.

Übersicht zur Nutzung von Buchcovern durch Bibliotheken

Wiedergabe zum Zweck

- der Katalogisierung des Bestandes,
- der Vorstellung der Neuerwerbungen im Bestand,
- der Bebilderung von Ausstellungskatalogen bei Ausstellungen,
- der Ankündigung von Lesungen,
- der Außendarstellung der Bibliothek,
- der Buchrezension und
- dem Verkauf alter Bestände.

6.5.2.1 Die „Kataloganreicherung" mit Coverabbildungen

Bibliotheken verzeichnen ihren Buchbestand. Dieses Verzeichnis wird Katalog genannt. Der Katalog wird zur Online-Recherche einer breiten Öffentlichkeit zugänglich gemacht. Diese Nutzungshandlung der Bibliotheken ist nicht privilegiert und sie bedarf damit der Zustimmung der Rechteinhaber an den Covergestaltungen. Leider hat sich der Gesetzgeber nicht durchringen können, diese sogenannte Kataloganreicherung mittels Wiedergabe des Covers eines verzeichneten Buches bei der Umgestaltung des „Bibliotheken-Paragraphen" als eine zustimmungsfreie Nutzung zu Gunsten der Bibliotheken zu bestimmen.

6.5.2.2 Lizenz-Vereinbarung mit der Verwertungsgesellschaft Bild-Kunst

Bibliotheken, die dem Deutschen Bibliotheksverband e. V. (dbv) angehören, haben zur Kataloganreicherung mit Buchcover die Möglichkeit sich dabei auf eine vertragliche Lizenz zu berufen. Diese wurde mit der Verwertungsgesellschaft Bild-Kunst (VG Bild-Kunst) erstmals im Jahre 2007 ausgehandelt. Mit der aktuellen Verlängerung der Vereinbarung besteht nunmehr eine „kollektive Lizenz mit erweiterter Wirkung" nach §§ 51 ff. Verwertungsgesellschaftengesetz

(VGG) zu Gunsten der Bibliotheken (dbv, o. J.). Damit sind erstmals auch Nichtmitglieder der jeweiligen Verwertungsgesellschaft vertraglich verpflichtet die Kataloganreicherung mit ihren Werken durch die Bibliotheken zu dulden. Es sei denn, sie Widersprechen. Zur Bedeutung dieses Lizenztyps siehe Abschn. 1.5.1.13. Die Vergütung der Urheberinnen und Urheber erfolgt über das „Inkasso" der Verwertungsgesellschaft.

6.5.3 Wiedergabe von Buchcovern zur Vorstellung von Neuerwerbungen und Buchrezensionen

Zur Arbeit der Bibliotheken gehört die aktive Information der Öffentlichkeit über Neuerwerbungen von Büchern. So stellen auch viele Bibliotheken neue Werke auf ihren Websites vor. Auch hier ist das Vorstellen einer Neuerscheinung ohne das Zeigen von Buchcovern nicht sonderlich ansprechend für die Leserschaft, so dass kaum auf diese Abbildungen verzichtet werden kann.

Anders als bei der Kataloganreicherung mittels Buchcovern, beseht keine VG Bild-Kunst Vereinbarung zu dieser Nutzung. Eine gesetzliche Lizenz zur Nutzung ohne Zustimmung der Rechteinhaber könnte allenfalls in einer großzügigen Auslegung des § 58 UrhG „Werbung für die Ausstellung und den öffentlichen Verkauf von Werken" bestehen. Hierbei bestehen jedoch Rechtsunsicherheiten, weil die Anwendung des § 58 UrhG für diese Fälle umstritten ist.

Ihr Transfer in die Praxis

In der Praxis ist es sinnvoll, die Angebote einer vertraglichen Lizenz der Verlage zu nutzen. Meist stellen Verlage auf ihren Websites Buchcover der Neuerscheinungen zum Download zur Verfügung. Möglich ist es notfalls auch, Cover im Wege der „Linkfreiheit" (siehe Abschn. 2.4) durch Embedding wiederzugeben.

6.5.4 Wiedergabe von Buchcovern und weiteren Abbildungen zur Ankündigung von Veranstaltungen

Im Rahmen der Wandlung der Bibliotheken über die Aufgabe der Buchverleihung hinaus treten Bibliotheken zunehmend als Veranstalter auf. Zur Ankündigung (auch über das Internet) von Autorenlesungen sowie von Ausstellungen können fremde Werke ohne Zustimmung der Rechteinhaber auf die gesetzliche Lizenz „Werbung für die Ausstellung und den öffentlichen Verkauf von Werken" (§ 58 UrhG) gestützt werden.

6.5.4.1 Sinn und Zweck der Regelung

Ursprünglich war die Regelung des § 58 UrhG für kommerzielle Versteigerungen gedacht. Werke können nicht versteigert werden, wenn Künstlerinnen und Künstler ihre Zustimmung zur vorherigen Veröffentlichung verweigern.

Aber § 58 UrhG beinhaltet auch einen „sozialen" Gedanken: Insbesondere kulturelle Veranstaltungen sollen nicht daran scheitern, dass sie nicht ausreichend informativ in der Öffentlichkeit bekannt gemacht werden können. Dieses wäre der Fall, wenn Werke, deren Gegenstand die Veranstaltung ist, nicht zur Ankündigung in einem dafür notwendigen Umfang gezeigt werden dürfen.

6.5.4.2 Abbildungen zur Ankündigung von Ausstellungen

Die „Ausstellungsregelung" des § 58 UrhG erfasst die Fälle, in denen eine Bibliothek eine öffentliche Ausstellung mittels eines in der Ausstellung gezeigten fremden Werkes ankündigt. Wie meist bei gesetzlichen Lizenzen zu Gunsten eines sozial übergeordneten Zieles, darf die öffentliche Veranstaltung keinem kommerziellen Zweck dienen. Das bedeutet, dass Erlöse über den Selbstkostenpreis nicht hinausgehen dürfen.

6.5.4.3 Buchcover-Wiedergabe zur Ankündigung von Lesungen

Wird das Buchcover zur Ankündigung einer nicht kommerziellen Autorenlesung veröffentlicht, kann diese Nutzung durch die gesetzliche Lizenz des § 58 UrhG gerechtfertigt sein. Der Wortlaut des § 58 UrhG erfasst diese Fälle eigentlich nicht. Denn eine Lesung ist keine Ausstellung. Da der Sachverhalt „öffentliche Lesung" gewisse Übereinstimmungen mit einer „öffentlichen Ausstellung" zeigt, gibt es die Rechtsmeinung, dass auf Lesungen der § 58 UrhG entsprechend anzuwenden ist. Aufgrund der Rechtsunsicherheit ist es jedoch sinnvoller, für die Ankündigungen von Lesungen Buchcover mit Zustimmung des Verlages des jeweiligen Künstlers zu veröffentlichen. Kaum vorstellbar, dass ein Verlag diese Nutzung verweigert. Es sei denn, der Verlag hat selber nicht die entsprechenden Rechte zur „Unterlizenzierung" einer Bibliothek „eingekauft".

6.5.5 Anfertigung und Verbreitung von Ausstellungskatalogen

Nicht über § 58 UrhG (Ausstellungsankündigung) kann der Katalog der Ausstellung mit fremden Werken erstellt und verbreitet werden.

6.5.5.1 Vertragliche Lizenzen

Es bietet sich für die Erstellung und Verbreitung von Ausstellungskatalogen das Einholen von Zustimmungen der Rechteinhaber an (vertragliche Lizenz). Diese müssen dann jedoch mit jedem einzelnen Rechteinhaber der im Katalog gezeigten Werke ausgehandelt werden. Denkbar ist auch, dass bei sehr großen Ausstellungen mit einigen hundert Exponaten die Rechteklärung für die Bibliothek nach § 51a Verwertungsgesellschaftengesetz nicht „zumutbar" ist. Im Falle der Unzumutbarkeit der Rechteklärung kommt wieder die „kollektiver Lizenz mit erweiterter Wirkung" für die Nutzung der Abbildungen in Betracht.

6.5.5.2 Gesetzliche Lizenz „Katalogbildfreiheit"

Der „Bibliotheken-Paragraph" 60e Abs. 3 UrhG enthält eine Regelung zur Verbreitung von Ausstellungskatalogen durch Bibliotheken: „Verbreiten dürfen Bibliotheken Vervielfältigungen eines in § 2 Absatz 1 Nr. 4 bis 7 genannten Werkes, sofern dies in Zusammenhang mit dessen öffentlicher Ausstellung oder zur Dokumentation des Bestandes der Bibliothek erfolgt."

Online-Kataloge zur Ausstellung, können nicht mit der gesetzlichen Lizenz des § 60e Abs. 3 UrhG legitimiert werden (Dreyer et al. 2018). Lediglich Vervielfältigungen im Druck sind unter dieser Lizenz erlaubt.

Wichtige Voraussetzungen für die Verbreitung eines Ausstellungskataloges auf Basis der gesetzlichen Lizenz des § 60e UrhG ist, dass der Katalog einen Dokumentationszweck erfüllt und auch nicht über diesen Zweck hinausgeht. Zulässig ist dabei, dass der Katalog als Verzeichnis Besucher durch die Ausstellung führt. Der Katalog darf zur Erschließung der Ausstellung dienen. Dabei muss er aber dem Ausstellungszweck untergeordnet bleiben.[2]

> **Beispiel zu einer kritischen Nutzung unter der gesetzlichen Lizenz des § 60e UrhG**
>
> Bibliothek B erstellt einen Katalog zu einer aktuellen Ausstellung von seltenen Fotobildbänden. Das Druckwerk enthält darüber hinaus Informationen über die Serviceleistungen der Bibliothek und weitere Veranstaltungshinweise. Der aufwendige Katalog kann von beliebigen Personen im „Biblio-Shop" erworben werden.
>
> Nach der wohl „herrschenden Meinung" geht diese Nutzung deutlich über den „Dokumentationszweck" der Ausstellung hinaus.

Online Kataloge zur Ausstellung können nicht mit der gesetzlichen Lizenz des § 60e Abs. 3 UrhG legitimiert werden (Dreyer et al. 2018). Soll der Katalog über das Internet verbreitet werden, sind vertragliche Lizenzen mit den Rechteinhabern der gezeigten Exponate einzuholen.

---

[2] BGH, Urteil vom 30.Juni 1994, Az. I ZR 32/92.

Ihr Transfer in die Praxis

Die Tätigkeitsfelder der Bibliotheken verlagern sich von einer reinen „Bücherausleihe" zu einem Ort des Austausches, der Begegnungen durch kulturelle Veranstaltungen sowie zu einem Bildungsort für jedermann. Dieser Entwicklung trägt § 60e UrhG nicht Rechnung, da die Regelungen vorrangig der Bestandspflege, Erhaltung und der Ausleihe dienen. Fungiert die Bibliothek über die „Verwahrung und Verleihung" hinaus, sind Privilegierungen zur Publikation und Kommunikation nach den allgemeinen Grundsätzen zur Förderung der Wissensgesellschaft mit ihren weiteren gesetzlichen Lizenzen (wie z. B. den Regelungen zur Privilegierung von Bildungsveranstaltungen) zu suchen.

Eine Vereinfachung der Rechtklärungen zum Erwerb vertraglicher Lizenzen bietet das Verwertungsgesellschaftengesetz mit der „kollektiven Lizenz mit erweiterter Wirkung". Damit ist es möglich, dass sich die Vereinbarung zur Kataloganreicherung mit Buchcovern auch auf die Werke von Nichtmitgliedern einer Verwertungsgesellschaft bezieht.

6.6 Lizenzen der Archive, Museen und Bildungseinrichtungen

Die Regelungen des § 60f UrhG bieten Archiven, Einrichtungen im Bereich des Film- und Tonerbes sowie Museen gesetzliche Lizenzen zur Erfüllung ihres Auftrags „Gedächtnis des Kulturerbes". Diesen Einrichtungen kommt eine überragende Rolle bei der Informationsvermittlung in der digitalen Wissensgesellschaft zu. Daher hat der Gesetzgeber auch diesen Einrichtungen weitreichende Privilegien eingeräumt. Voraussetzung ist, dass mit den begünstigten urheberrechtlich relevanten Handlungen keine unmittelbaren oder mittelbaren kommerziellen Interessen verfolgt werden.

Die Regelungen des § 60f UrhG verweisen zur Begünstigung der Archive, Museen und Bildungseinrichtungen auf den Bibliotheken-Paragraphen. Ausgenommen sind jedoch die für Bibliotheken zustimmungsfreien Kopien (digital und gedruckt) fremder Inhalte zur Übermittlung auf Bestellung eines Nutzers der jeweiligen Einrichtung. Für Archive gilt ergänzend eine privilegierende Regelung zur Vervielfältigung zum Zweck der Bestandspflege.

Im Zusammenspiel der Regelungen zur Bewahrung des Kulturerbes sind Museen, Archive und Bildungseinrichtungen als „Gedächtnis-träger" auch Profiteure der nachfolgend dargestellten neuen „kollektiven Lizenz mit erweiterter Wirkung", die durch die Verwertungsgesell-schaften vergeben werden können.

6.7   Lizenzen zur Verbreitung nicht verfügbarer Werte

Häufig befinden sich ältere Texte, Grafiken, Fotografien sowie Film- und Tonwerke im Bestand eines Archivs, einer Bibliothek oder eines Museums. Existiert zu diesen Werken für die Allgemeinheit kein üblicher Erwerbsweg, etwa über die Bestellung bei einem Verlag, handelt es sich um „nicht verfügbare Werke". Es besteht die Gefahr, dass mit der Nichtverfügbarkeit für die Wissensgesellschaft wert-volle Inhalte in Vergessenheit geraten. Dem will der Gesetzgeber mit zwei neuen Regelungen entgegenwirken. Die beiden Regelungen erlauben unter bestimmten Voraussetzungen den Bestandsinhabern die öffentliche Zugänglichmachung, also die Verfügbarkeit dieser Werke über das Internet für jedermann. Dabei erleichtern diese Privilegierungen die Rechteklärung und Lizenzierung für Online-Massenpublikationen.

Eine attraktive Lösung, nicht nur zur Lizenzierung nicht verfüg-barer Werke, besteht auf der Grundlage der „kollektiven Lizenzen mit erweiterter Wirkung". Durch das Verwertungsgesellschaftengesetz (VGG) sind die Verwertungsgesellschaften ermächtigt, als Lizenzgeber zu fungieren. Unter bestimmten Voraussetzungen können die Ver-wertungsgesellschaften nicht nur für Werke ihrer Mitglieder kollektiv Lizenzen erteilen, sondern auch erweitert für Werke von Nicht-mitgliedern.

Zu den Regelungen des VGG gesellt sich als eine Art Auffang-regelung die gesetzliche Lizenz zur Lizenzierung nicht verfügbarer Werke gemäß § 61d UrhG.

6.7.1 Erweiterter Anwendungsbereich für Kulturerbe-Einrichtungen

Nach älterer deutscher Rechtsetzung konnten lediglich „vergriffene Werke" gesetzlich lizenziert werden. Entscheidend war die fehlende Beziehbarkeit des Werkes über den Handel. Mit der aktuellen Anpassung des Urheberrechts an die Erfordernisse des digitalen Binnenmarktes ist das Merkmal „vergriffene Werke" ersetzt durch „nicht verfügbare Werke". So heißt es im Gesetzesentwurf „nicht verfügbare, insbesondere auch vergriffene Werke". Der Anwendungsbereich der Lizenzierung schließt nun auch Werke ein, die noch nie gehandelt wurden.[3] Dieses gilt für die gesetzliche Lizenz des § 61 d UrhG und für die neuen Regelungen des Lizenzerwerbes über eine Verwertungsgesellschaft.

Nicht ganz deutlich ist, in welchen Fällen die Nichtverfügbarkeit neben dem Fall der vergriffenen Werke vorliegt. Man kann unter „nicht verfügbar" auch verstehen, dass ein Werk auch dann nicht verfügbar ist, wenn der Rechteinhaber zwecks Vertragsabschluss nicht auffindbar ist. Damit würde die Regelung zur Lizenzierung nicht verfügbarer Werke neben die Regelung zur Lizenzierung verwaister Werke (siehe Abschn. 6.8) treten. Ob der Gesetzgeber dieses tatsächlich im Sinn hatte, lässt sich aus dem Entwurf nicht entnehmen. Sowohl „nicht verfügbare Werke" wie auch „verwaiste Werke" stehen im Urheberrechtsgesetz als gesetzliche Lizenzen für zwei unterschiedliche Fälle gleichberechtigt. Das spricht dafür, dass der Fall der Verwaisung nicht von den Fällen der „Nichtverfügbarkeit" erfasst ist. Dieses hat zur Konsequenz, dass die Verwertungsgesellschaften auch keine kollektive Lizenz mit erweiterter Wirkung im Rahmen der Regelungen der §§ 52 ff. VGG erteilen können. Denkbar ist auch, dass das Merkmal „nicht verfügbar" vom Gesetzgeber bewusst unbestimmt gelassen wurde und sich hierzu im Laufe der Rechtsprechung Fallgruppen herausbilden.

---

[3] Gesetzentwurf der Bundesregierung zur Anpassung des Urheberrechts an die Erfordernisse des Digitalen Binnenmarkts, Seite 53.

6.7.2 Lizenzerwerb bei nicht verfügbaren Werken über Verwertungsgesellschaften

Zum Erhalt des Kulturerbes sieht das Verwertungsgesellschaftengesetz (VGG) zur Vereinfachung des Lizenzerwerbes z. B. bei unübersichtlichen Rechtsverhältnissen, deren Klärung für den Lizenznehmer mit hohen Kosten und hohen Zeitaufwand bei geringen Erfolgschancen verbunden ist, kollektive Lizenzen vor.

6.7.2.1 Begriff „kollektive Lizenzen mit erweiterter Wirkung"

Kollektiv ist eine Lizenz zunächst dann, wenn sie im Rahmen des Zusammenschlusses von Urhebern zu einer Verwertungsgesellschaft durch die Gesellschaft für bestimmte Werkkategorien (z. B. Bilder und Texte) erteilt wird. Einzelne Rechte einzelner Urheber werden also „kollektiv" verwaltet und sie können auch kollektiv vergeben werden. Mit der Einführung von „kollektiven Lizenzen **mit erweiterter Wirkung**" soll es den Verwertungsgesellschaften ermöglicht werden, Werknutzern „zu geringen Transaktionskosten" umfassende Lizenzen durch Vertragsabschluss mit der Verwertungsgesellschaft (z. B. mit der VG Bild-Kunst) zu verschaffen. Mit Transaktionskosten sind nicht Vergütungen der Werknutzungen gemeint, sondern die Kosten, die durch die Rechteklärung entstehen.

Hierbei können nunmehr grundsätzlich auch die Werke von Personen, die nicht durch die Gesellschaft vertreten werden („Außenstehende"), lizenziert werden. Die Lizenz ist auf diesen Personenkreis „erweitert". Der Gesetzgeber nennt diesen Vorgang der vertraglichen Rechteeinräumung „kollektive Lizenz mit erweiterter Wirkung" (Abkürzung: ECL für Extended Collective Licences). Geregelt ist der Rechteerwerb über die Verwertungsgesellschaften im Verwertungsgesellschaftengesetz (VGG) mit den neuen §§ 51 bis 52e VGG.

Über die oben beschriebene Regelung ist es auch möglich, Werke zu lizenzieren, die nicht mehr im Handel erhältlich sind und sogar Werke, die bisher noch gar nicht gehandelt wurden. Diese Werke werden als „nicht verfügbar" bezeichnet.[4]

6.7.2.2 Merkmal der Unzumutbarkeit

Wirksam können kollektive Lizenzen mit erweiterter Wirkung nach § 51a VGG nur dann abgeschlossen werden, wenn die Einholung der Nutzungserlaubnis von allen betroffenen Außenstehenden durch den Nutzer oder die Verwertungsgesellschaft unzumutbar ist. „Das Erfordernis der Unzumutbarkeit fasst die unionsrechtliche Vorgabe zur Beschwerlichkeit, Praxisferne und Wahrscheinlichkeit der Einzellizenzierung knapp zusammen. Ergänzende Regelungen bleiben gegebenenfalls einer Verordnung vorbehalten; die entsprechende Ermächtigung enthält § 52d Nummer 2 VGG-E."[5]

6.7.2.3 Zweck der Regelungen

Ziel der Einführung kollektiver Lizenzen mit erweiterter Wirkung ist die Erleichterung von Werknutzungen auf vertraglicher Basis. Lizenzgeber sind die Verwertungsgesellschaften. Diese sollen den Lizenzerwerb der Werknutzer erleichtern, indem sie auch Rechte von Personen einräumen dürfen, die der Gesellschaft hierzu gar keine Rechte eingeräumt haben. Damit sollen auch „Massennutzungen" auf Plattformen leichter zu lizenzieren sein.

Die Regelung dient zum Erhalt des Kulturerbes, so dass insbesondere kulturelle Einrichtungen zur Vervielfältigung und zur öffentlichen Zugänglichmachung (Internet-Veröffentlichungen) berechtigt sein sollen.

---

[4] Siehe §§ 52 ff.; 141 VGG und § 61d UrhG.
[5] Entwurf eines Gesetzes zur Anpassung des Urheberrechts an die Erfordernisse des digitalen Binnenmarktes Bundestagsdrucksache Drucksache 19/27426.

> **Beispiel der Anwendung einer kollektiven Lizenz mit erweiterter Wirkung**
>
> Eine Stiftung zur militärgeschichtlichen Forschung hat für eine über ein Jahrzehnt andauernde Vortragsserie diverse Präsentationen von verschiedensten Autorinnen und Autoren erworben. In den Präsentationen sind zahlreiche Fotografien und Grafiken enthalten, die nicht von den Autoren der Präsentationen stammen. Nun möchte die Einrichtung die gesammelten Vorträge über ihre Website der Öffentlichkeit zugänglich machen. Die Redaktion der Einrichtung würde jetzt in monatelanger Kleinarbeit individuelle Absprachen mit den Rechteinhabern treffen müssen. Auch sind zahlreiche Rechteinhaber an den Grafiken und Fotografien nicht auffindbar; die Werke sind auch nicht zu beziehen, z. B. über Verlage oder Bildagenturen. Über die Verwertungsgesellschaft VG Bild-Kunst kann die Einrichtung nach der neuen Regelung nicht nur die Bilder und Grafiken der von der Gesellschaft vertretenen Personen für ihr Vorhaben erwerben, sondern auch die Werke von Außenstehenden, die Bilder und Grafiken für Vorträge geliefert haben.[6]

Diese derartig weitreichende Beschränkung der Rechte der Urheberinnen und Urheber ist gerechtfertigt, weil dem Kulturerbe eine überragende Rolle für die Wissensgesellschaft zukommt. Die Regelungen sind tatsächlich von praktischer Relevanz für zahlreiche kulturelle Einrichtungen, die inzwischen ihre Altbestände, an denen die urheberrechtliche Schutzfrist nicht abgelaufen ist, digitalisieren und der Öffentlichkeit zugänglich machen möchten.

6.7.2.4 Erstreckung der Lizenz auf verwandte Schutzrechte

Die Regelungen zu den kollektiven Lizenzen gelten gemäß § 52e VGG nicht allein für Werke im Sinne des **§ 2 Abs. 2 UrhG.** Eingeschlossen sind jetzt ausdrücklich auch Inhalte, die durch sogenannte verwandte Schutzrechte (also den Urheberrechten ähnliche Rechte) geschützt sind.

---

[6]Nicht ganz eindeutig ist, inwieweit verwaiste Werke über die Verwertungsgesellschaften lizenziert werden können (siehe Abschn. 6.8.2).

> **Beispiel der Anwendung einer kollektiven Lizenz mit erweiterter Wirkung auf Leistungsschutzrechte**
>
> Es sollen verschiedene Musiktitel durch ein Institut zur Jazzforschung im Internet abrufbar sein. Tonträgerhersteller und Interpreten werden in die Lizenzierung eingeschlossen, so dass sich das Forschungsinstitut nicht um gesonderte Lizenzen bemühen muss.

6.7.2.5 Begrenzung der Privatautonomie außenstehender Urheber und Urheberinnen

Zum Schutze der Außenstehenden, also der Personen, die gar keinen Wahrnehmungsvertrag mit der Gesellschaft über die Vermarktung ihrer Werke abgeschlossen haben und so ohne ihre vorherige Zustimmung an vertragliche Werknutzungen durch Fremde gebunden werden, sind zahlreiche Regelungen eingebaut. So etwa, dass der außenstehende Rechteinhaber der konkreten Rechteeinräumung zu Gunsten eines konkreten Nutzers durch die Gesellschaft widersprechen kann. Ebenso zum Schutz der vertretenen und außenstehenden Rechteinhaber darf die Verwertungsgesellschaft den Werknutzern nach § 34 Abs. 1 Satz 1 VGG keine ausschließlichen Nutzungsrechte einräumen.

6.7.2.6 Vergütungen der Nutzungen

Bei vertraglichen sowie auch bei gesetzlichen Erlaubnissen zur Nutzung im Rahmen von kollektiven Lizenzen besteht ein Vergütungsanspruch der Rechteinhaber. Auch wenn Außenstehende „zwangskollektiviert" werden, muss die abschließende Verwertungsgesellschaft die durch die Nutzer zu entrichtenden Vergütungen an die außenstehenden Rechteinhaber ausschütten.

6.7.2.7 Eintragung nicht verfügbarer Werke

Bisher wurde für vergriffene Werke ein Register beim Deutschen Patent- und Markenamt geführt. Bevor ein Werk lizenziert werden kann, muss es zunächst im Register vergriffener Werke des DPMA eingetragen werden. Dieses Register soll 2025 geschlossen werden. Abgelöst wird es durch ein europaweites Informationsportal beim Europäischen Amt für geistiges Eigentum (EUIPO) für den Eintrag „nicht verfügbarer Werke" im Sinne der neuen Regelungen.

6.7.3 Voraussetzungen zur Verbreitung nicht verfügbarer Werke gemäß § 61d UrhG

Zu den Regelungen des VGG gesellt sich als eine Art Auffangregelung die gesetzliche Lizenz gemäß § 61d UrhG. Diese Norm bezieht sich im Gegensatz zur Möglichkeit der „VGG-Lizenz" allein auf nicht verfügbare Werke. Vorgesehen ist aber auch, dass ein möglicherweise verwaistes Werk unter der Lizenz „nicht verfügbares Werk" genutzt werden darf, sofern es die Kriterien der Nichtverfügbarkeit erfüllt.[7]

Die gesetzliche Lizenz zur Verbreitung nicht mehr verfügbarer Werke bedingt

- dass die Lizenzen sich auf Werke aus dem Bestand der jeweiligen Kulturerbe-Einrichtung beziehen,
- dass die Werke tatsächlich nicht über übliche Vertriebswege zu erhalten sind (ein antiquarisches Angebot wirkt sich nicht auf den Status vergriffener Werke aus),
- dass mit der Zugänglichmachung keine kommerziellen Zwecke verfolgt werden, die Inhalte nicht auf kommerziellen Internetseiten zugänglich sind und
- dass über die betreffenden Werke kein Wahrnehmungsvertrag mit einer Verwertungsgesellschaft besteht.

Die Regelung zur Verbreitung nicht verfügbarer Werke ist aus der Not der Unmöglichkeit vertragliche Lizenzen zu erwerben entstanden:

---

[7] Entwurf eines Gesetzes zur Anpassung des Urheberrechts an die Erfordernisse des digitalen Binnenmarktes Bundestagsdrucksache Drucksache 19/27426, S. 117.

Findet sich keine repräsentative Verwertungsgesellschaft für die vertragliche Lizenzierung, kann die Einrichtung ihr Vorhaben zur Publikation auf eine gesetzliche Lizenz stützen. „Eine Verwertungsgesellschaft ist repräsentativ, wenn sie für eine ausreichend große Zahl von Rechtsinhabern Rechte, die Gegenstand der kollektiven Lizenz sein sollen, auf vertraglicher Grundlage wahrnimmt."[8]

6.8 Lizenz zur Nutzung verwaister Werke

Vor unüberwindlichen rechtlichen Hürden standen in der Vergangenheit Kulturerbeeinrichtungen dann, wenn sie Teile ihres Bestandes der Öffentlichkeit zugänglich machen wollten und sie die Vertragspartner zur Lizenzierung der Werke nicht ausfindig machen konnten.

6.8.1 Gesetzliche Lizenz zur Nutzung verwaister Werke

Im Bereich der Einrichtungen zur Wahrung des Kulturerbes stehen die Mitarbeitenden häufiger vor dem Problem, dass sich trotz sorgfältiger Archivierung die Autoren von Fotografien nicht feststellen lassen. Will die Einrichtung vom Autor oder der Autorin für bestimmte Verwendungen berechtigt werden, scheitert dieses an der einfachen Tatsache, dass man nicht herausbekommen kann, wer das Werk angefertigt hat. Werke, die davon betroffen sind, werden als verwaiste Werke bezeichnet. Verwaist ist ein geschütztes Werk dann, wenn sich dessen Rechteinhaber nach gründlicher Suche nicht mehr feststellen lässt.[9]

Ältere Fassungen der Regelungen zur ausnahmsweisen Nutzung verwaister Werke klammerten die öffentliche Zugänglichmachung als Nutzungshandlung aus. Die aktuelle Fassung der gesetzlichen Lizenz

---

[8] Siehe § 51b VGG.

[9] Potentiellen Nutzern dieser Lizenz wird mit § 61a ein Katalog an Pflichten zur Suche und zur Dokumentation der Suche auferlegt. Die Übergabe dieser Dokumentation an das Patent- und Markenamt ist zwecks Eintragung in das Register der EUIPO Voraussetzung zur Wirkung der gesetzlichen Lizenz.

zur Nutzung verwaister Werke, § 61 UrhG, schafft nicht nur mehr Rechtssicherheit durch Klarheit der Regelungen, sondern auch einen weiteren Spielraum bei der Nutzung verwaister Werke zu Gunsten des Gemeinwohls.

6.8.2 Verwaiste Werke und die vertragliche Lizenz mit erweiterter Wirkung

Nicht eindeutig vom Gesetzgeber festgelegt ist, ob die Verwertungsgesellschaften wie bei nicht verfügbaren Werken auch verwaiste Werke zur Publikation lizenzieren dürfen. Das Verwertungsgesellschaftengesetz (VGG) benennt lediglich als Gegenstand der kollektiven Lizenz mit erweiterter Wirkung zur Publikation durch Einrichtungen des Kulturerbes die „nicht verfügbaren Werke".

In der Sache liegt bei verwaisten Werken eine den nicht verfügbaren Werken vergleichbare Problemlage vor. Wie soll die Einrichtung bei massenhaft verwaisten Werken ihren Beitrag zur Wissensgesellschaft leisten können, wenn die Veröffentlichung an der einfachen Tatsache der Unauffindbarkeit der Rechteinhaber scheitert? Der für Institutionen gegenüber der Erlangung einer gesetzlichen Lizenz nach § 61 UrhG einfache Weg der Lizenzierung mittels einer Verwertungsgesellschaft als „Dienstleister" wäre eine praktische Erleichterung. Denn nicht alle Institutionen zur Wahrung des Kulturerbes verfügen über die Ressourcen zur „sorgfältigen Suche".

> Stellungnahme der Verwertungsgesellschaft Bild-Kunst „Wir gehen davon aus, dass verwaiste Werke auch vergriffene Werke sind, so dass sie durchaus auch nach §§ 61d ff UrhG, 51 ff., 52b VGG lizenziert werden können. Mit einer solchen Lizenz ist ein Archiv auf jeden Fall auf der sicheren Seite – alternativ gelten die Regeln über verwaiste Werke (§§ 61 – 61c UrhG) allerdings weiter. Betrachtet man jedoch den Dokumentationsaufwand, der betrieben werden muss, um verwaiste Werke rechtssicher zu nutzen, dürfte die Lizenz als vergriffene Werke jedoch deutlich günstiger sein – es sei denn, es handelt sich nur um einzelne Werke."[10]

---

[10] Mitteilung vom 28. Juli 2022 auf Nachfrage des Autors, VG Bild-Kunst, Anke Schierholz.

Tatsächlich ist es so, dass die Nichtverfügbarkeit häufig auch mit der Verwaisung einhergeht. Das war dem Gesetzgeber bewusst und er hat den Fall im Entwurf zur letzten Reform erwähnt. So soll auch ein möglicherweise verwaistes Werk unter der Lizenz „nicht verfügbares Werk" genutzt werden dürfen, sofern es die Kriterien der Nichtverfügbarkeit erfüllt.[11]

Hieraus lässt sich nach der hier vertretenen Ansicht keine Ermächtigung der Verwertungsgesellschaften zur Erteilung einer kollektiven Lizenz mit erweiterter Wirkung bei verwaisten Werken herleiten. Vielmehr ist die Anmerkung im Entwurf so zu verstehen, dass eine mögliche Verwaisung der Lizenzierung als „nicht verfügbares Werk" nicht entgegensteht.

Wenn man darüber hinaus davon ausgeht, dass verwaiste Werke auch immer nicht verfügbare Werke sind (siehe oben, Stellungnahme der Verwertungsgesellschaft Bi-Kunst), dann lassen sich verwaiste Werke im Wege der kollektiven Lizenzierung über eine Verwertungsgesellschaft rechtmäßig nutzen.

Ihr Transfer in die Praxis

Bei der Berufung auf gesetzliche Lizenzen gemäß §§ 60a bis 60h empfiehlt es sich besonders sorgsam alle Umstände der Nutzungen in die Prüfung einzubeziehen. Insbesondere erschließen sich die zahlreichen Rückausnahmen meist erst bei genauer Betrachtung der individuellen Umstände. Bei größeren Vorhaben sollte Rat der Fachanwaltschaft eingeholt werden.

Im Bereich der vertraglichen („Zwangs-") Lizenzierungen größerer Bestände von Abbildungen bietet sich der „Service" der Verwertungsgesellschaft Bild-Kunst an.

---

[11] Entwurf eines Gesetzes zur Anpassung des Urheberrechts an die Erfordernisse des digitalen Binnenmarktes Bundestagsdrucksache Drucksache 19/27426, S. 117.

6.9   Bildnachweise und ihre Bestandteile

Ein Bildnachweis besteht aus der Nennung des Namens der Urheberin oder des Urhebers und aus der Nennung der (Fund-) Quelle. Das Urheberrecht führt nicht einzeln in den Regelungen der gesetzlichen Lizenzen die Pflicht zur Quellenangabe auf, sondern in einer „Sammelbestimmung", dem § 63 Urheberrechtsgesetz (UrhG). Daneben ergibt sich die Pflicht zur Nennung der Namen von Urhebern und Urheberinnen sich stets aus § 13 UrhG „Anerkennung der Urheberschaft".

Im Falle der Nutzung von Creative-Commons-Lizenzen und anderen vertraglichen Open-Content-Lizenzen (siehe Kap. 5) ist zusätzlich die Angabe und Verlinkung der jeweilig genutzten Lizenz erforderlich. Grundsätzlich sind diese Angaben bei der Verwendung fremder Werke stets zu tätigen. Hiervon bestehen nur wenige Ausnahmen bei der Angabe einer Quelle.

6.9.1   Anerkennung der Urheberschaft

Bestandteil des Urheberpersönlichkeitsrechts ist, dass Urheberinnen und Urheber ein Recht auf Anerkennung ihrer Urheberschaft haben. Nur die Urheber und Urheberinnen können bestimmen, ob und wie ihre Werke namentlich gekennzeichnet werden. Lediglich im Falle einer ausdrücklichen Entscheidung der Urheberinnen und Urheber gegen die Bezeichnung eines ihrer Werke entfällt die Pflicht der Nutzenden. Unterbleibt die Nennung, ohne dass der Urheber oder die Urheberin dies ausdrücklich wünscht, stellt dieses eine Urheberrechtsverletzung dar.

6.9.2   Gesetzliche Pflicht zur Nennung der Quelle

Oft übersehen werden die Pflichten zur Quellenangabe. In § 63 UrhG sind die mit Quellenangabe zu versehenden Nutzungen aufgelistet. Nicht zu verwechseln sind Quellenangaben mit der Anerkennung der Urheberschaft.

Unter Quelle ist die Institution oder das Unternehmen (z. B. ein Verlag) zu verstehen, welches in der Regel Nutzungsrechte bzw. Leistungsschutzrechte an Werken erworben hat und der das Werk, z. B. eine Grafik, entnommen wurde. Aber nicht nur Fundstellen sind zu benennen. So ist z. B. bei der Veröffentlichung des Fotos des Modells eins geschützten Bauwerkes, welches ein Architekturbüro entworfen hat, als Quelle der Name des Büros anzugeben.

In den Fällen des § 45 Abs. 1, der §§ 45a bis 48, 50, 51, 58, 59 sowie der §§ 60a bis 60c, 61, 61c, 61d und 61f ist stets die Quelle deutlich anzugeben:

- § 45 Rechtspflege und öffentliche Sicherheit,
- § 45a Menschen mit Behinderungen,
- § 45b Menschen mit einer Seh- oder Lesebehinderung,
- § 45c Befugte Stellen; Vergütung; Verordnungsermächtigung,
- § 46 Sammlungen für den religiösen Gebrauch,
- § 47 Schulfunksendungen,
- § 48 Öffentliche Reden,
- § 50 Berichterstattung über Tagesereignisse,
- § 51 Zitate,
- § 58 Werbung für die Ausstellung und den öffentlichen Verkauf von Werken,
- § 59 Werke an öffentlichen Plätzen,
- § 60a Unterricht und Lehre,
- § 60b Unterrichts- und Lehrmedien,
- § 60c Wissenschaftliche Forschung,
- § 61 Verwaiste Werke,
- § 61c Nutzung verwaister Werke durch öffentlich-rechtliche Rundfunkanstalten,
- § 61d Nicht verfügbare Werke und
- § 61f Information über nicht verfügbare Werke.

Die Pflicht zur Quellenangabe soll klarstellen, dass auch im Rahmen der Nutzungen der gesetzlichen Lizenzen das Recht auf Anerkennung der Urheberschaft besteht. Weiter ist der besondere Zweck dieser Pflicht zur Nennung der Fundstelle nicht allein der wissenschaftlichen

Gepflogenheit geschuldet, sondern sie erfüllt eine Werbefunktion für herausgebende Organisationen, z. B. ein Museum oder einen Verlag.

6.9.3 Ausführung der Bildnachweise

Ein vollständiger Bildnachweis enthält den Namen des Urhebers oder der Urheberin sowie die Quelle. Üblicherweise, aber nicht zwingend in der Reihenfolge vorgeschrieben, wird zunächst die Urheberschaft benannt, dann folgt ein Schrägstrich mit der Quellenangabe. Bei vertraglichen Lizenzen ist die Nennung der Quelle Vereinbarungssache. So z. B., dann, wenn eine Bildagentur hierzu Vorgaben macht, wie das Agenturkürzel im Bildnachweis anzugeben ist.

Die Platzierung von Bildnachweisen bei digitalen Publikationen sollte stets so erfolgen, dass Lesende mit möglichst nur einem einzigen Mausklick zur Quellenangabe des konkret verwendeten Werkes gelangen. Für den Druckbereich genügt nach wie vor ein Register, welches es ermöglicht, Herkunft und Urheberschaft zuzuordnen. So genügt es, wenn z. B. in einem Druckwerk angegeben wird „Foto" Seite 22 oben rechts: Christian W. Eggers/nordbild.

6.10 Vergütung der gesetzlichen und vertraglichen Nutzungen

Die Regelungen der gesetzlichen Lizenzen haben gemeinsam, dass die jeweiligen Nutzungshandlungen erlaubnisfrei vorgenommen werden können. Einige Nutzungen sind dabei vergütungsfrei und andere vergütungspflichtig. Ist eine Vergütungspflicht an die Nutzung einer gesetzlichen Lizenz geknüpft, besteht ein gesetzlicher Vergütungsanspruch (§ 63 UrhG).

6.10.1 Vergütungsansprüche gesetzliche Lizenzen

Im Rahmen der Nutzung gesetzlicher Lizenzen (Schrankenbestimmungen) bestehen folgende Vergütungsansprüche:

- § 46 Abs. 4 UrhG (Sammlungen für den Kirchen-, Schul- und Unterrichtsgebrauch)
- § 47 Abs. 2 UrhG (dauerhafte Speicherung von Schulfunksendungen)
- § 49 Abs. 1 S. 2 UrhG (Pressespiegel)
- § 52 Abs. 1 S. 2 UrhG (öffentliche Wiedergabe)
- § 52 Abs. 2 S. 2 UrhG (öffentliche Wiedergabe bei Gottesdiensten und kirchlichen Feiern)
- § 54 UrhG (Vervielfältigungen im Wege der Bild- und Tonaufzeichnung)
- § 54a UrhG (Ablichtungen).

6.10.2 Vergütungspraxis über Verwertungsgesellschaften

Zu unterscheiden sind zwei Vorgänge bei der Vergütung von Bildnutzungen über die VG Bild und Kunst. Zunächst besteht der Bereich, in dem die Verwertungsgesellschaft den gesetzlichen Auftrag zur Abwicklung der Vergütungsansprüche hat und daneben besteht die Möglichkeit, auf vertraglicher Basis mit der Verwertungsgesellschaft eine Lizenz zu einem Werk eines Mitgliedes zu erwerben.

6.10.2.1 Vergütungen bei gesetzlich erlaubten Nutzungen

Urheberinnen und Urheber können im Falle der Werknutzungen aufgrund gesetzlicher Lizenzen gar nicht wissen, wer nutzt. Denn die Rechteinhaber haben aufgrund der Erlaubnisfreiheit keinen Kontakt mit den Nutzenden. Es wäre nicht praktikabel, dass sich Nutzende mit den Rechteinhabern über jede einzelne Nutzung in Verbindung setzen müssten. Dennoch sollen Urheberinnen und Urheber nicht auf ihr Recht auf angemessene Vergütung verzichten müssen. Daher hat der Gesetzgeber die Wahrnehmung der Vergütungsansprüche der in § 60h UrhG genannten gesetzlich erlaubten Nutzungen in die Hände von Verwertungsgesellschaften gelegt. Bei diesen melden die Nutzenden ihre Verwendungen und entrichten eine pauschale Vergütung je nach Umfang und Verwendungsart. Die so eingenommenen Beträge werden dann, nach Abzug der Kosten der Verwertungsgesellschaften, an die Mitglieder der Gesellschaften mit Pauschalen ausgeschüttet.

§ 60h UrhG „Angemessene Vergütung der gesetzlich erlaubten Nutzungen"

(1) [1] Für Nutzungen nach Maßgabe dieses Unterabschnitts hat der Urheber Anspruch auf Zahlung einer angemessenen Vergütung. [2] Vervielfältigungen sind nach den §§ 54 bis 54c zu vergüten.

(2) Folgende Nutzungen sind abweichend von Absatz 1 vergütungsfrei:

1. die öffentliche Wiedergabe für Angehörige von Bildungseinrichtungen und deren Familien nach § 60a Absatz 1 Nr. 1 und 3 sowie Absatz 2 mit Ausnahme der öffentlichen Zugänglichmachung,

2. Vervielfältigungen zum Zweck der Erhaltung gemäß § 60e Absatz 1 und 6 sowie § 60f Absatz 1 und 3 sowie zum Zweck der Indexierung, Katalogisierung und Restaurierung nach § 60e Absatz 1 und § 60f Absatz 1,

3. Vervielfältigungen im Rahmen des Texts und Data Mining für Zwecke der wissenschaftlichen Forschung nach § 60d Absatz 1.

(3) [1] Eine pauschale Vergütung oder eine repräsentative Stichprobe der Nutzung für die nutzungsabhängige Berechnung der angemessenen Vergütung genügt. [2] Dies gilt nicht bei Nutzungen nach den §§ 60b und 60e Absatz 5.

(4) Der Anspruch auf angemessene Vergütung kann nur durch eine Verwertungsgesellschaft geltend gemacht werden.

(5) [1] Ist der Nutzer im Rahmen einer Einrichtung tätig, so ist nur sie die Vergütungsschuldnerin. [2] Für Vervielfältigungen, die gemäß Absatz 1 Satz 2 nach den §§ 54 bis 54c abgegolten werden, sind nur diese Regelungen anzuwenden.

6.10.2.2 Vergütungen bei vertraglichem Lizenzerwerb

Auch wenn die Verwertungsgesellschaft Bild und Kunst einen „Service" zur Lizenzierung der Werke der durch die Gesellschaft vertretenen Künstler und Künstlerinnen anbietet, legt die Gesellschaft Wert darauf, nicht als Agentur aufzutreten (VG Bild und Kunst, o. J.):

> „Die Einräumung von Nutzungsrechten durch die VG Bild-Kunst beinhaltet keine Dienstleistungen agentur-ähnlicher Art wie etwa Standortnachweise oder die Lieferung von Vorlagen für den Druck. Werden dem Nutzer von der VG Bild-Kunst Nutzungsrechte eingeräumt, handelt es sich bei diesen Rechten stets nur um einfache Nutzungsrechte für das Gebiet der Bundesrepublik Deutschland. Der Nutzer ist nicht berechtigt, die Nutzungsrechte weiter zu übertragen oder an ihnen weitere Nutzungsrechte einzuräumen."

Die Vergütungen hat die Gesellschaft im Rahmen eines Rights-Managed-Modells (siehe Abschn. 1.5.1.1) gestaffelt festgelegt.

Ihr Transfer in die Praxis

Vor der letzten Urheberrechtsreform scheiterten die Bemühungen zur Zugänglichmachung des Kulturerbes an rechtlichen und vor allem auch an praktischen Hürden. Nunmehr bestehen auch für kleinere Einrichtungen die Möglichkeiten der rechtmäßigen Zugänglichmachung über Verwertungsgesellschaften. In der Praxis sollten sich Einrichtungen mit Vorhaben zur Verbreitung des Kulturerbes mit Verwertungsgesellschaften in Verbindung setzen, sich beraten lassen und die Kompetenz der Gesellschaften bei der Lizenzierung nutzen.

Literatur

Bundesministerium der Justiz (15.07.2021): Gesetz zur Angleichung des Urheberrechts an die aktuellen Erfordernisse der Wissensgesellschaft (UrhWissG), https://www.bmjv.de/SharedDocs/Gesetzgebungsverfahren/DE/UrhWissG.html. Zugegriffen: 25.06.2022

Dbv (o.J.): Kataloganreicherung mit Coverabbildungen, https://www.biblio-theksverband.de/vertraege-und-vereinbarungen#KataloganreicherungmitCo verabbildungen. Zugegriffen: 19.08.2022

Deutscher Bundestag (12.02.2021): Drucksache 142/21; Gesetzentwurf der Bundesregierung zur Anpassung des Urheberrechts an die Erfordernisse des Digitalen Binnenmarkts, https://dserver.bundestag.de/brd/2021/0142-21. pdf. Zugegriffen: 31.06.2022

Dreier, Thomas; Schulze, Gernot (2022): Urheberrechtsgesetz, 7. Auflage, C. H. Beck, München

Dreyer, Gunda; Koohoff, Jost; Meckel, Astrid; Hentsch; Christian-Henner (2018): Urheberrecht – Heidelberger Kommentar, 4. Auflage, C. F. Müller, Heidelberg

VG Bild und Kunst (o.J.): AGB, https://www.bildkunst.de/service/tarife/ allgemeine-geschaeftsbedingungen-und-allgemeine-konditionen-der-rechte-vergabe. Zugegriffen: 1.08.2022

7

Personenfotos – „Recht am Bild" und Datenschutz

Was Sie aus diesem Kapitel mitnehmen

Neben Ihren urheberrechtlichen Befugnissen stellt sich immer dann, wenn in Grafiken, in Videos und Fotos Personen gezeigt werden, die Frage, ob Sie die abgebildeten Personen veröffentlichen dürfen. In diesem Kapitel erfahren Sie, unter welchen Voraussetzungen Mitarbeitende der Einrichtungen zur Bildung, Forschung und Kultur Abbildungen von Menschen anfertigen und publizieren dürfen.

Völlig unabhängig von urheberrechtlichen Fragen ist im Umgang mit Personenfotos stets die Frage nach Ihrer Berechtigung zur Arbeit mit Personenfotos zu stellen. Rechtlich relevante Handlungen sind die Beschaffung, Weiterleitung, Anfertigung und insbesondere die Veröffentlichung von Personenfotos. Das zunächst wichtige Prinzip in der praktischen Arbeit lautet: Kein Personenfoto ohne Zustimmung der betroffenen Person oder einer gesetzlichen Erlaubnis anfertigen und/oder publizieren. Sie benötigen eine Rechtsgrundlage für jede konkrete Handlung in jedem Einzelfall bei der Arbeit mit Personenfotos. Die Abb. 7.1 zeigt die verschiedenen Rechtsgebiete die bei Publikationen von Grafiken, Videos und Fotos berührt werden können.

C. W. Eggers, *Bildrechte in Lehre, Wissenschaft und Kultur,*
https://doi.org/10.1007/978-3-658-39313-7_7

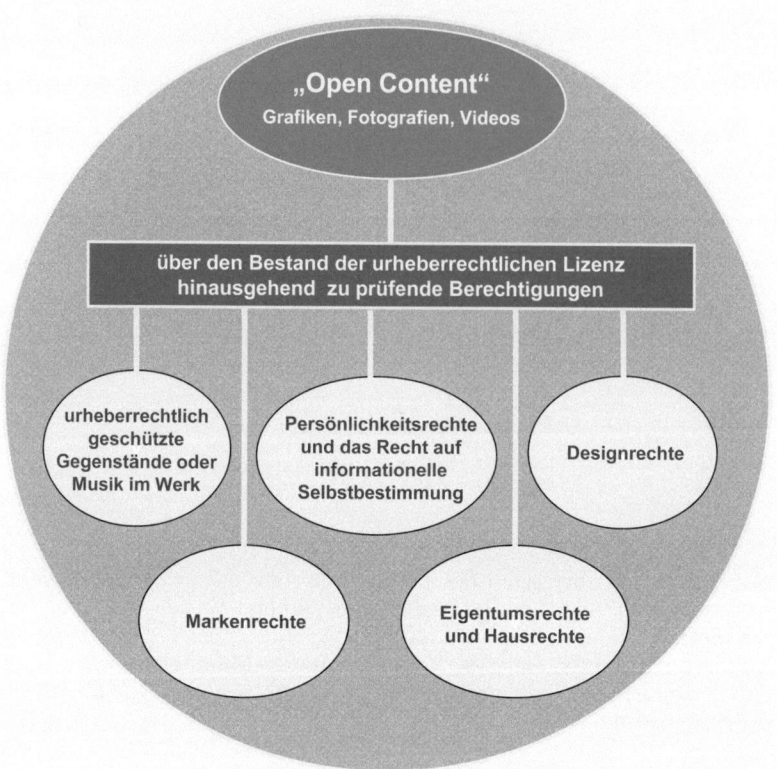

Abb. 7.1 Die Abbildung verdeutlicht die verschiedenen Rechtsgebiete, die bei der Publikation von Grafiken, Videos und Fotografien zu beachten sind

Urheberrechtliche Lizenzen regeln allein die urheberrechtliche Rechtmäßigkeit einer Veröffentlichung Mit der Nutzung von Inhalten, die unter CC-Lizenz offen für jedermann sind, taucht ein häufiges Missverständnis auf: Die Einhaltung der urheberrechtlichen Lizenz bedingt nicht, dass die Nutzung eines Fotos vollständig rechtmäßig erfolgt. Der Nutzende ist verpflichtet, neben dem Urheberrecht gesetzliche Regelungen zum Schutz von Persönlichkeitsrechten bei seiner Publikation von Personenabbildungen einzuhalten.

Der Schutz der Persönlichkeitsrechte wird über die Einhaltung der DSGVO (Recht auf informationelle Selbstbestimmung) im

Zusammenwirken mit den Grundsätzen der Regelungen des Kunst-urheberrechtsgesetzes (KUG, „Recht am Bild") und der hierzu verfestigten Rechtsprechung hergestellt.

Im Bereich der Einrichtungen der Wissensgesellschaft, wie Museen, Schulen und Hochschulen, Bibliotheken und Forschungseinrichtungen werden schwerpunktmäßig Personenfotos in der Öffentlichkeitsarbeit (siehe nachfolgender Abschn. 7.1) und bei der Erfüllung der jeweiligen Kernaufgaben der Einrichtungen publiziert. Diese Bereiche unterscheiden sich in den gesetzlichen Erlaubnissen sowie den formalen und organisatorischen Anforderungen der Einwilligung, die die Datenschutzgesetze und das Kunsturheberrechtsgesetz (KUG) postulieren.

7.1 Datenschutz bei der Öffentlichkeitsarbeit

Einrichtungen der öffentlichen Hand benötigen zunächst eine verfassungsrechtliche Legitimation zur Publikation der an die Bürgerschaft gerichteten Inhalte. Private Einrichtungen hingegen bedürfen keiner besonderen Berechtigung zur Kommunikation. Sie können sich als Träger von Grundrechten auch auf die Kommunikationsrechte des Art. 5 Grundgesetz und der EU-Charta stützen.

7.1.1 Verfassungsrechtlicher Hintergrund der Öffentlichkeitsarbeit „öffentliche Einrichtungen"

Sowohl private Einrichtungen wie auch öffentlichen Einrichtungen sind nicht vom Datenschutz ausgenommen bei der Öffentlichkeitsarbeit. Es wird zwar auch der Presse zugearbeitet, aber daraus resultiert nicht so wie für Presseagenturen, die für die institutionalisierte Presse Zuarbeiter sind, dass im Wege eines Medienprivilegs die Datenschutzgesetze weitgehend unanwendbar sind.

Für vom Staat beherrschte Einrichtungen scheidet ein Medienprivileg schon aus verfassungsrechtlichen Grundsätzen, wie aus dem Grundsatz der Staatsferne der Presse, aus.

Anders als bei privaten Einrichtungen bedarf jedes staatliche Handeln der rechtlichen Grundlage demokratische legitimierter Kompetenzen. Wendet sich der Staat an die Bürgerschaft mit Mitteilungen, seien sie noch so unbedeutend, bedarf es auch hierfür einer demokratischen Legitimation. Staatliche und vom Staat beherrschte Einrichtungen sind grundsätzlich nicht Grundrechtsträger. Daher können sie ihre Mitteilungen an die Bürger nicht auf die grundrechtlich und EU-freiheitsrechtlich gewährten Kommunikationsrechte stützen (Ausnahmen siehe unter Abschn. 7.1.1.3).

7.1.1.1 Ist die Öffentlichkeitsarbeit staatlicher Einrichtungen im Bereich der Wissenschaft, Lehre und Kultur gelockert?

Der nationale Gesetzgeber hat für den Bereich der Wissenschaft, Lehre und Kultur Lockerungen vom Datenschutz vorgesehen. Bestehen diese Privilegierungen auch für die Öffentlichkeitsarbeit? Versteht man Öffentlichkeitsarbeit als Berichterstattung **über** die Aufgabenerfüllung und nicht als Kern der Aufgabenerfüllung lässt sich diese Frage beantworten (Eggers, 2020, S. 2). Wird zum Beispiel das Foto einer Person im Forschungskontext einer Publikation zum Austausch von Forschenden noch gerechtfertigt sein, würde die von der Pressestelle zur Berichterstattung veröffentlichte Publikation mit ihren Personenabbildungen nicht mehr der Forschung dienen, sondern der Außendarstellung der Einrichtung. Damit ist die Veröffentlichung in dieser Funktion auf andere datenschutzrechtliche Rechtsgrundlagen zu stützen (nachfolgend erläutert) als die ursprüngliche Veröffentlichung im Kreise der Forschenden, die in speziellen datenschutzrechtlichen Regelungen fußt (siehe hierzu Abschn. 7.3.1).

7.1.1.2 Erfordernis der Themenkompetenz

Die Öffentlichkeitsarbeit ist als eine Teilaufgabe zur Erfüllung der eigentlichen Aufgabe auch der öffentlichen Stellen im Bereich der Bildung und Kultur anzusehen.

Gerade in den Bereichen der Leistungsverwaltung und Daseinsvorsorge geht es darum, der Bürgerschaft die Teilhabe an den Leistungen des Staates zu ermöglichen. Ohne Informationen, z. B. über eine bevorstehende Ausstellung oder eine Autorenlesung in einer Bibliothek würde die jeweilige Einrichtung ihre Aufgabe nicht erfüllen können.

Wird Öffentlichkeitsarbeit als eine Information über die Aufgabenerfüllung verstanden, ergibt sich bei öffentlichen Stellen die Äußerungskompetenz kraft gesetzlichen oder durch Satzung bestimmten (Kern-) Auftrag. Daraus folgt, dass die Thematik der an die Bürgerschaft gerichteten Informationen im Rahmen der sogenannten Themenkompetenz der jeweiligen Einrichtung bleiben muss. Die Berechtigung sich eines Themas anzunehmen, besteht so in engster Anknüpfung an die der jeweiligen öffentlichen Stelle durch Gesetz oder Satzung erteilten Aufgabe.

Beispiel zur Relevanz der Themenkompetenz

Die sich in öffentlicher Hand befindliche Bibliothek B veranstaltet einen Tag der offenen Tür und eine Dichterlesung. Ein Übersichtsfoto von Besucherströmen mit Informationen über geändertes Nutzungsverhalten und Interessen der Besucher am Angebot der B kann ohne Einwilligung möglicherweise auf das öffentliche Interesse gestützt werden (siehe Abschn. 7.2.4.4). Dieses scheidet jedoch dann aus, wenn die Bibliothek über ein Volksfest ohne Bezug zur eigenen Aufgabe berichtet. Wird ein Vorgang thematisiert, der nicht mit der Aufgabe der öffentlichen Stelle korrespondiert, erübrigen sich vor einer Publikation alle weiteren Überlegungen zur Rechtmäßigkeit der Mitteilungen, weil diese Mitteilungen nicht über die Themenkompetenz der B legitimiert sind.

7.1.1.3 Äußerungskompetenz kraft partieller Grundrechte

Soweit öffentlichen Stellen zur Aufgabenerfüllung ausnahmsweise partielle Grundrechtsträger sind, stehen ihnen in diesem engen Bereich auch ausnahmsweise die im Grundgesetz und in der EU Charta verankerten Kommunikationsrechte zur Seite. Dieses ist dann der Fall, wenn die öffentliche Einrichtung ihre Aufgabe oder eine Teilaufgabe nur erfüllen kann, wenn sie den Boden der auferlegten Zurückhaltung verlassen darf.

Beispiel Universität als Grundrechtsträger

Eine staatliche Universität äußert sich im Rahmen der Öffentlichkeitsarbeit kritisch über Budgetkürzungen durch die Landesregierung für ein Forschungsvorhaben der Universität. Mit der Streichung der Förderungsmittel wird die Funktionalität der Universität angegriffen. Hier darf sich die Universität als Träger des Grundrechts Wissenschaftsfreiheit zur Wahrnehmung der Funktion Forschung gegenüber der Öffentlichkeit äußern.

7.1.2 Kommunikationsrechte privater Einrichtungen

Für Einrichtungen, die nicht durch die öffentliche Hand beherrscht werden, besteht das Äußerungsrecht im vollen Umfang auf der Grundlage von Grundfreiheiten, insbesondere der Meinungsfreiheit. Diese Einrichtungen können sich in der Öffentlichkeitsarbeit im Rahmen der geltenden Gesetze ohne die Beachtung der verfassungsrechtlichen Beschränkungen der staatlichen Öffentlichkeitsarbeit mitteilen und beliebige Themen ansprechen.

7.2   Rechtsgrundlagen zur Arbeit mit Personenfotos bei der Öffentlichkeitsarbeit

Sobald Personen erkennbar dargestellt werden, berührt dieses ihre Persönlichkeitsrechte. Nach inzwischen gefestigter Rechtsauffassung handelt es sich bei erkennbar fotografierten Personen um personenbezogene Daten, die im Rahmen des Schutzes der Persönlichkeit im Rahmen des „Rechts auf informationelle Selbstbestimmung" geschützt sind. Werden Personenfotos durch Unternehmen und öffentliche Einrichtungen zum Zweck der Öffentlichkeitsarbeit und des Marketings angefertigt und genutzt, unterliegen Personenfotos im gesamten Produktionsprozess von der Anfertigung bis zur Löschung den Datenschutzgesetzen.[1]

7.2.1 Kein Personenfoto ohne Rechtsgrundlage

Der Grundsatz des „Erlaubnisvorbehaltes" im Datenschutz bewirkt, dass zur Anfertigung und Nutzung von Personenfotos ausnahmslos eine Rechtsgrundlage (= Erlaubnis) entsprechend der Datenschutzgesetze erforderlich ist. Diese sind als Grundsatz in der DSGVO bestimmt und finden sich in den nationalen Datenschutzgesetzen wieder. Rechtsgrundlagen zur Personenfotografie zwecks Öffentlichkeitsarbeit können sein: die Einwilligung (Art. 6 Abs. 1 Buchst. a DSGVO), der (Model-)Vertrag (Art. 6 Abs. 1 Buchst. b DSGVO) oder die „Interessen" des Verantwortlichen (Art. 6 Abs. 1 Buchst. e oder f DSGVO).

Mindestens eine dieser drei möglichen Rechtsgrundlagen muss erfüllt sein, damit ein Personenfoto zur Öffentlichkeitsarbeit angefertigt und genutzt werden kann.

Zur rechtmäßigen Anfertigung und Nutzung kann in der Praxis in vier Schritten vorgegangen werden: Zunächst sind die anzuwendenden Datenschutzgesetze zu ermitteln (10.2.9.2), im zweiten Schritt ist die praktikabelste Rechtsgrundlage für das jeweilige Vorhaben zu finden (10.2.9.3), im dritten Schritt erfolgt die Zulässigkeitsprüfung der bevorzugten Rechtsgrundlage für den konkreten Fall (10.2.9.4) und im letzten Schritt sind die Nachweis- und Informationspflichten umzusetzen (10.2.9.5).

---

[1] Die Frage, ob Personenfotos nach Geltung der DSGVO nach den milderen Regelungen zum allgemeinen Persönlichkeitsrecht (APR) und dem Kunsturheberrechtsgesetz (KUG) im Rahmen der Öffentlichkeitsarbeit weiter behandelt werden können, ist umstritten. Bis zur Klärung, entweder durch den nationalen Gesetzgeber oder durch höchstrichterliche Rechtsprechung, sind die jeweils strengeren Regelungen der Datenschutzgesetze anzuwenden.

7.2.2 Anzuwendende Datenschutzgesetze bei der Öffentlichkeitsarbeit

Anzuwendende Gesetze zur Öffentlichkeitsarbeit mit Personenfotos können, je nach Trägerschaft der Einrichtung, die Datenschutzgrundverordnung (DSGVO), das Bundesdatenschutzgesetz (BDSG), die Landesdatenschutzgesetze der Bundesländer (LDSG) sowie das „Gesetz über den Kirchlichen Datenschutz" (KDG) der katholischen Kirche und das „Kirchengesetz über den Datenschutz der Evangelischen Kirche in Deutschland" (DSG-EKD) sein.

Anzuwendende Datenschutzgesetze bei der Arbeit mit Personenfotos
Für Einrichtungen in Trägerschaft

- der Länder, Gemeinden sowie öffentlich-rechtlicher Stiftungen eines Landes sind anzuwenden die DSGVO in Verbindung mit dem jeweiligen Landesdatenschutzgesetz sowie das BDSG bei Mitarbeiterfotos (Beschäftigtendatenschutz);
- des Bundes und öffentlich-rechtlicher Stiftungen des Bundes sind anzuwenden die DSGVO in Verbindung mit dem BDSG sowie das BDSG bei Mitarbeiterfotos (Beschäftigtendatenschutz);
- privater Organisationen, wie Vereinen und Unternehmen, gelten die DSGVO und das BDSG bei Mitarbeiterfotos (Beschäftigtendatenschutz);
- der Kirchen gelten die kirchlichen Regelwerke KDG und DSG-EKD.

7.2.3 Praktikabilität einer Rechtsgrundlage im Rahmen der Öffentlichkeitsarbeit

Zur praxisnahen Ausgestaltung des Datenschutzes bei der Öffentlichkeitsarbeit mit Personenfotos gilt es, den durch den Gesetzgeber geschaffenen Spielraum bei der Wahl der zulässigen Rechtsgrundlage auszuschöpfen. Je nach Vorhaben, Thema, Verwendungszweck und beteiligten Personen ist nach der Rechtsgrundlage zu suchen, die sowohl den Betroffenen ausreichend schützt, wie auch den Verantwortlichen Handlungsfreiheiten bietet.

7.2.3.1 Fotos von Beschäftigten

Mitarbeiterfotos zur Vorstellung der Person sowie zur Darstellung der Aktivitäten der Institution bedürfen aufgrund der besonderen nationalen Reglungen zum Beschäftigtendatenschutz in der Regel der Einwilligung (Art. 6 Abs. 1 Buchst. a DSGVO in Verbindung mit § 26 BDSG bzw. den Regelungen der Landesdatenschutzgesetze bei Beschäftigten öffentlicher Stellen.).[2] Der Beschäftigtenstatus ist weit zu verstehen. Zu den Beschäftigten zählen nicht nur Angestellte, sondern auch abhängige Hilfskräfte, Auszubildende und Praktikantinnen und Praktikanten.

Die Einwilligung ist gemäß Art. 7 Abs. 3 DSGVO jederzeit und ohne Grund widerrufbar. Eine Entschädigung des auf die Einwilligung Vertrauenden ist nicht vorgesehen.[3] Damit bestehen insbesondere bei aufwendigen Image- und Werbeproduktionen wirtschaftliche Risiken für den Träger der Einrichtung. Für öffentliche Stellen ist ein Ausweichen auf einen Model-Vertrag, der nicht frei widerrufbar ist, meist versperrt: Aufträge an Mitarbeitende einer Behörde sind grundsätzlich nicht zulässig.

7.2.3.2 Veranstaltungsfotografie

Veranstaltungsfotografie, sofern sie sich auf reine Berichterstattung (Wer, Was, Wann, Wo, Wie und Warum) über das Ereignis bezieht

---

[2] Eine Einwilligung entfällt, wenn eine arbeitsvertragliche Pflicht zur Mitwirkung an Fotoaufnahmen zur Öffentlichkeitsarbeit besteht. So z. B. bei Pressesprechern oder Präsentations-Tätigkeiten im Marketing, wie z. B. Messebetreuungen.

[3] Für Mitarbeitende einer Einrichtung in kirchlicher Trägerschaft gelten die Datenschutzsatzungen der jeweiligen kirchlichen Körperschaft (KDG und EKD-DSG), die vergleichbare Regelungen zum Beschäftigtendatenschutz des BDSG enthalten.

(z. B. Dichterlesungen am „Tag der offenen Tür" einer Bibliothek), kann als „öffentliches Interesse" der staatlichen Einrichtungen legitimiert werden. Rechtsgrundlage für staatliche Institutionen eines Bundeslandes ist Art. 6 Abs. 1 Buchst. e DSGVO („öffentliches Interesse") in Verbindung mit dem jeweiligen LDSG. Für Einrichtungen des Bundes ist das BDSG hinzuzuziehen, für Einrichtungen in privater Trägerschaft ist Art. 6 Abs. Buchst. f DSGVO („berechtigte Interessen") maßgeblich.[4] Nicht gedeckt durch Interessen-Rechtsgrundlagen sind Personenfotos, die den Bereich der sachneutralen Berichterstattung verlassen und allein zur Herausstellung oder Bewerbung der Leistungen der Einrichtung dienen.

7.2.3.3 Image- und Werbeproduktionen

Image- und Werbeproduktionen sollten aufgrund des Aufwandes und der Kosten möglichst nicht auf die Einwilligung (Art. 6 Abs. 1 Buchst. a DSGVO) gestützt werden. Vorzuziehen ist die Gestaltung einer vertraglichen Berechtigung zur Bildnisnutzung im Rahmen von Leistung und Gegenleistung. Hier lassen sich die Datenverarbeitungen (Erstellen, Veröffentlichen, Weitergaben, Archivierungen) auf einen **Vertrag im Sinne der DSGVO** (Art. 6 Abs. 1 Buchst. b DSGVO) stützen. Der (Model-)Vertrag hat den Vorteil, dass sich der Fotografierte bei der Nutzung seiner Abbildung an seiner Willenserklärung festhalten lassen muss. Ihm ist lediglich ein Widerruf aus einem „wichtigen Grund" gemäß des Bürgerlichen Gesetzbuches (BGB) möglich, der unter Umständen auch zum Ausgleich der Aufwendungen verpflichtet. Werden Personenfotos gegen Nutzungshonorare über Bildagenturen bezogen und veröffentlicht, können diese ebenfalls auf der Rechtsgrundlage eines Vertrages im Sinne des Art. 6 Abs. 1 Buchst. b DSGVO mit der Bildagentur genutzt

---

[4] Für Einrichtungen in kirchlicher Trägerschaft gelten die jeweiligen kirchlichen Regelungswerke (KDG und EKD-DSG), die einen Spielraum zur Mitgliederinformation eröffnen, wenn die Bildanfertigungen und Nutzungen zur Erfüllung kirchlicher Aufgaben erforderlich sind.

werden, soweit die Verwendungsbedingungen (insbesondere Veröffentlichungszusammenhänge und Art der Medien) der Agentur zu dem jeweiligen Foto eingehalten werden.

7.2.4 Zulässigkeit der praktikablen Rechtsgrundlage

Ist die praktikable Rechtsgrundlage zur Anfertigung und Nutzung gefunden, muss nachfolgend die Zulässigkeit der gewählten Rechtsgrundlage für den konkreten Fall geprüft werden.

7.2.4.1 Einwilligungen

Einwilligungen müssen vor der Veröffentlichung der Fotos eingeholt werden. Im Beschäftigtenverhältnis bedürfen Einwilligungen gemäß § 26 BDSG in der Regel der Textform.[5] Aufgrund der Nachweispflichten des Verantwortlichen zur aktiven Zustimmung des Betroffenen empfiehlt es sich, Fotoeinwilligungen mittels einer vorgefertigten Erklärung einzuholen. Datenschutzaufsichtsbehörden der Bundesländer bieten auf ihren Websites Formulierungshilfen zu Einwilligungserklärungen an[6]. Es ist darauf zu achten, dass Einwilligungserklärungen „externer Personen", Mitarbeitender und Minderjähriger (Zustimmung beider Sorgeberechtigter und des Minderjährigen ab 14. Lebensjahr) unterschiedliche Anforderungen erfüllen müssen. Es empfiehlt sich, die Anfertigung von Einwilligungstexten unter Beratung des Datenschutzbeauftragten der jeweiligen Einrichtung anzufertigen.

---

[5] So kann z. B. der Mitarbeitende auch in einer E-Mail informiert und gefragt werden. Die wirksame und gesetzlich geforderte aktive Zustimmung kann als Antwort auf die Anfrage erfolgen.

[6] Muster und Hinweise zur Foto-Einwilligung (Datenschutzrecht.sachsen.de, o. J.a; o. J.b):
https://www.datenschutzrecht.sachsen.de/download/Anlage2MerkblattFotoaufnahmen.pdf
https://www.datenschutzrecht.sachsen.de/download/Anlage1MerkblattFotoaufnahmen.pdf

Wirksamkeitsvoraussetzungen der Einwilligung

• Freiwillig (Art. 4 Nr. 11 DSGVO): Hat der Betroffene die freie Wahl, die Willensbekundung zu verweigern oder zurückzuziehen, ohne Nachteile zu erleiden? Die Teilhabe an Veranstaltungen der Einrichtung darf nicht von einer Fotoeinwilligung abhängig gemacht werden.
• Informiert (Art. 4 Nr. 11 DSGVO): Ist der Betroffene so informiert, dass er zur Willensbildung in der Lage ist? Hierzu zählt auch die Risikoaufklärung. Niemand kann in etwas einwilligen, was er nicht kennt!
• Ist der Betroffene über die jederzeite Widerrufbarkeit ohne Angabe von Gründen informiert (Art. 7 Abs. 3 DSGVO)?
• Bezogen auf einen bestimmten Zweck (Art. 6 Abs. 1 Buchst. a DSGVO, Zweckbindung Art. 5 Abs. 1 Buchst. b DSGVO): Keine pauschalen Angaben, sondern konkrete Zwecke benennen. Angabe „zur Öffentlichkeitsarbeit" muss konkretisiert werden durch Benennung von Veröffentlichungszusammenhängen. Man kann nicht wirksam in etwas einwilligen, was man nicht kennt.
• Bezogen auf bestimmte Verarbeitungen (Art. 4 Nr. 11 DSGVO): Es muss deutlich sein, welche Verarbeitungen vorgenommen werden. Hierzu gehört die Benennung der Websites und der sozialen Medien, in denen Veröffentlichungen erfolgen sollen.
• Unmissverständlich (Art. 4 Nr. 11 DSGVO): Der Betroffene muss seine Willensbekundung in einer eindeutigen bestätigenden Handlung zum Ausdruck gebracht haben. Untätigkeit bzw. Duldung ist keine Einwilligung im Sinne der DSGVO! In der Praxis ist die Unterschrift der Erklärung die sicherste und nachweisbarste (Nachweispflicht, Art. 7 Abs. 1 DSGVO) Form der aktiven Zustimmung.

7.2.4.2 Spezialfall der Einwilligungen unter Berücksichtigung der Open-Content-Nutzungen

Es gilt der Grundsatz zur Bestimmtheit, Zweckbindung und Informiertheit der Einwilligenden. Bei Personenfotos in Open-Content-Nutzungen und CC-Lizenzen, können Betroffene nicht wissen, in welchen

Veröffentlichungskontexten die Inhalte verwendet werden. Hier bestehen ähnliche Probleme wie bei der Einwilligung zu Social-Media-Veröffentlichungen. Personenfotos können sich aus dem ursprünglichen Zusammenhang lösen und so für andere Zwecke als dem Ursprungszweck dienen. Hier reicht die Fantasie kaum aus, um alle möglichen Fälle des „verlorenen Kontextes" zu beschreiben.

Es bietet sich als Lösung für eine rechtsgültige Einwilligung lediglich an, den Einwilligenden mittels Risikoaufklärung auf die Gefahren eines veränderten oder gar neuen Veröffentlichungszusammenhanges von Open-Content-Inhalten hinzuweisen.

7.2.4.3 Model-Verträge und Verträge mit Vortragenden

Verträge mit Fotomodels, auch mit Laienmodels, müssen Leistung und Vergütung für die Einräumung der genau zu benennenden Bildnutzungen (insbesondere Medien und Verwendungszusammenhänge) beinhalten. Gegenleistungen, die für das Model keinen nennenswerten Nutzwert haben, sind hier nicht ausreichend, wenn diese Leistungen darauf abzielen, das hohe Schutzniveau der Einwilligung (Art. 6 Abs. 1 Buchst. a DSGVO) durch vertragliche Verbindlichkeit mittels rein symbolischer Leistungen (z. B. Kugelschreiber, T-Shirts und Baseballkappen mit Aufdruck einer Universität sowie Süßigkeiten oder Essensmarken für die Kantinen) zum Nachteil des Betroffenen zu unterlaufen.

Eine Vergütung muss jedoch nicht zwangsläufig in Geldleistungen bestehen. Denkbar ist auch, dass dem Model als Vergütung urheberrechtliche Nutzungsrechte an den Fotos zur Eigenwerbung eingeräumt werden. Sofern denn die Fotos für das Model einen Nutzwert haben.

Nicht praktikabel ist ein Model-Vertrag mit Mitarbeitenden der Einrichtungen in öffentlicher Hand. Hierbei setzen die Vorschriften zur internen Auftragsvergabe an Mitarbeitende Grenzen.

Ist das Model minderjährig, ist die Zustimmung beider Sorgeberechtigter und zusätzlich die des Minderjährigen ab dem 14. Lebensjahr erforderlich.

Für die Aufnahmen von Vortragenden und die anschließende Zugänglichmachung der aufgenommenen Lehrveranstaltungen, wie

z. B. Vorlesungen, bietet sich die Rechtsgrundlage „Vertrag" mit den Dozentinnen und Dozenten an. Die Einwilligung ist hier keine stabile Rechtsgrundlage, da sie ja frei widerrufen werden kann. Praktikabel ist es, im Rahmen des Dozentenvertrages auch die Umstände und Verbreitungen von Videoaufnahmen der Vortragenden zu regeln.

7.2.4.4 „Interessen-Rechtsgrundlagen"

„Interessen Rechtsgrundlagen" kommen bei der sachneutralen Berichterstattung unter inhaltlicher Beschränkung auf „Wer, Was, Wann, Wie, Wo und Warum" über öffentliche Veranstaltungen in Betracht. Die Entscheidung zur rechtmäßigen Anfertigung und Nutzung der Fotos erfolgt in einer auf die konkrete Veranstaltung bezogenen Abwägung zwischen den Interessen des Verantwortlichen und den Interessen der zu fotografierenden Personen. Überwiegen im konkreten Fall die Interessen des Verantwortlichen die Interessen des Betroffenen sind Anfertigung und Nutzung legitimiert.

Handeln private Einrichtungen, findet diese Abwägung der „berechtigten Interessen" (Art. 6. Abs. 1 Buchst. f DSGVO) zwischen den Grundfreiheiten der Einrichtung als Grundrechtsträger und dem Betroffenen als Grundrechtsträger statt (siehe Abb. 7.2).

Handelt eine öffentliche Stelle, findet keine Abwägung zwischen zwei Grundrechtsträgern statt, sondern zwischen dem „öffentlichen Interesse" der öffentlichen Stelle und dem Bürger als Grundrechtsträger.

Innerhalb der Rechtsgrundlage „öffentliches Interesse" wird entsprechend verwaltungsrechtlicher Grundsätze zum Eingriff des Staates in das Recht auf informationelle Selbstbestimmung des Bürgers abgewogen. Die Grafik „Prüfungsschema Rechtsgrundlage öffentliches Interesse" Abb. 7.3 verdeutlicht die Voraussetzungen und Abwägungen im Rahmen der Öffentlichkeitsarbeit zur Veranstaltungsfotografie einer Bibliothek in der Trägerschaft der öffentlichen Hand.[7]

---

[7] Nicht zu verwechseln mit der Zulässigkeit der Rechtsgrundlage ist das Aushängen der Fotohinweise (siehe Grafik „Wir machen auf dieser Veranstaltung Fotos" Abb. 7.4). Das Aushängen der Hinweise schafft nicht die Erlaubnis zur Personenfotografie, sondern erfüllt lediglich die Pflicht zur Information der Betroffenen.

Sind die fotografierten Personen für irgendjemanden zu identifizieren? Auch nicht über ihre Kleidung, Körpermerkmale und Bildmetadaten?

Wenn nicht, ist keine Rechtsgrundlage entsprechend der Datenschutzgesetze erforderlich. Wenn Ja, dann in der linken Spalte mit der Güterabwägung zwischen Fotografierenden (links) und Fotografierten (rechts) beginnen

Besteht ein „berechtigtes Interesse" nach Art. 6 Abs. 1 lit. f DSGVO für das Unternehmen Personenfotos zu erstellen und zu veröffentlichen?

- Interessen des Unternehmens: Die durch die Charta der Grundrechte der EU gewährten Freiheiten zur Kommunikation, zur beruflichen u. unternehmerischen Betätigung

- Besteht eine **Beziehung** zwischen den Fotografierten und dem Unternehmen, so dass die „Betroffenen" es vernünftigerweise absehen können, dass Fotos aufgenommen und veröffentlicht werden?

- Ist die geplante Erstellung und Veröffentlichung zur Erreichung des Zwecks **erforderlich**? Oder gibt es andere Möglichkeiten, wie das Unternehmen seine berechtigten Interessen auf sinnvolle Art wahrnehmen kann?

- Sind Motivauswahl, Umfang der Fotoanzahl, Auflösung und Reichweite der Verbreitung der Veröffentlichungen **angemessen** zur Zweckerfüllung? Beachte: „strenge" Meinung bei Social Media Veröffentlichungen

Wenn Ja, dann:

Überwiegen die Grundrechte/ Interessen der fotografierten Personen das "berechtigte Interesse" des Unternehmens?

Das ist der Fall, wenn die Person selber ein „berechtigtes Interesse" geltend machen kann, dass die Interessen des Unternehmens überwiegt.

Heranzuziehen sind die Fallgruppen der Rechtsprechung des „berechtigen Interesses" (§ 23 Abs. 2 KUG) gegen die **konkret geplante Veröffentlichung**

Beispiele:

- Fall des „privaten Rückzuges" im öffentlichen Raum
- Fall der Überrumpelung und der. (beabsichtigten) Heimlichkeit
- Fall der überwiegend werblichen Verwendung für kommerzielle oder auch ideelle Zwecke, z. B. in Anzeigen oder einer Berichterstattung, deren Informationswert allein auf Image oder Absatz zielt

Wenn eine Frage mit Nein beantwortet wird, dann: ↓

Wenn vollständig mit Ja beantwortet, dann hier weiter:

 Bei Ausschluss des Überwiegens:

Keine Rechtsgrundlage nach Art. 6 Abs. 1 lit. f DSGVO

Die Rechtsgrundlage Art. 6 Abs. 1 lit. f DSGVO besteht

Abb. 7.2 Die Grafik zeigt ein Prüfungsschema zur Abwägung der „berechtigten Interessen" bei der Veröffentlichung von Personenfotografien

Prüfungsschema Rechtsgrundlage „öffentliches Interesse"

1   Bibliothek „öffentliche Stelle" im Sinne der DSGVO?

Definition "öffentliche Stelle" eines Bundeslandes siehe jeweiliges LDSG, öffentliche Stelle des Bundes siehe § 2 BDSG.

2   Dient das Thema der Aufgabenerfüllung (legitimer Zweck)

Dienen Thema und die Art der Aufbereitung zur Aufklärung der Öffentlichkeit mit einem direkten Bezug zur gesetzlich oder durch Satzung zugewiesenen Aufgabe der jeweiligen Einrichtung (z. B. Unterstützung zur Erfüllung eines Bildungsauftrages = Öffentlichkeitsarbeit als Annexaufgabe)? Beschränkung auf rein sachneutrale Berichterstattung = „Wer, Was, Wann, Wo, Wie und Warum" als Abgrenzung zur werblichen Nutzung, die nicht mit dem „öffentlichen Interesse" legitimiert werden kann.

3   Generelle Geeignetheit „Personenfotos"?

Steht Handeln von Personen im Vordergrund, sind Personenfotos grundsätzlich ein geeignetes Mittel der Berichterstattung.

4   Erforderlichkeit der konkreten Bildberichterstattung?

4.1 Kann im konkreten Fall auch *ohne Personenfotos die Öffentlichkeit zumindest gleich geeignet informiert* werden?

Sachneutrale Berichterstattung z. B. über den Tag der offenen Tür, über Ehrungen u. Dichterlesungen nur als Text entsprechen nicht den Kommunikationsgewohnheiten (Bürgernähe der Informationsaufbereitung).

4.2 Gibt es *mildere Mittel* bei der konkreten Bildauswahl?

Sind zu einer konkreten Berichterstattung *weniger stark in die Sozialsphäre eingreifende Fotos* möglich und wird dennoch die Öffentlichkeit mit den "milderen" Fotos informiert?

4.3 Ist die *Anzahl der Personenfotos* zur Information der Öffentlichkeit gegenüber der Bedeutung des Themas angemessen?

4.4 Ist die *Reichweite der Veröffentlichung* von Personenfotos gegenüber der Bedeutung des Themas angemessen? (Vorsicht mit Veröffentlichungen in sozialen Netzwerken.)

Abb. 7.3 Prüfung der Rechtsgrundlage „öffentliches Interesse" am Beispiel einer Veranstaltung in einer Bibliothek

7.2.4.5 Fotos verstorbener Personen

Nicht dem Datenschutz unterfallen die für die Öffentlichkeitsarbeit mit Personalien so bedeutsamen Fotos von Verstorbenen. In den Fällen der Veröffentlichung von beispielsweise einem Porträt im Nachruf eines verstorbenen Mitarbeitenden gelten die Regelungen des Kunsturheberrechtsgesetzes (KUG).[8] Ist die Person bereits mehr als zehn Jahre verstorben, wird keine Einwilligung der nächsten Hinterbliebenen zur Veröffentlichung benötigt.

Ist die verstorbene Person zeitgeschichtlich bedeutsam, so wie etwa eine mehrfach ausgezeichnete Wissenschaftlerin und besteht ein Interesse der Öffentlichkeit an der Information, kann die Veröffentlichung ohne Einwilligung der nächsten Angehörigen auf die Ausnahmeregelung zum Einwilligungserfordernis gemäß § 23 Abs. 1 Nr. 1 KUG gestützt werden.

7.2.5 Umsetzungen der Informationspflichten

Die Erfüllung der Informationspflichten gemäß Art. 12ff DSGVO soll dem Betroffenen Transparenz und Aufklärung über seine Rechte sichern. Der genaue Inhalt über Art, Umfang und Betroffenenrechte zur Datenverarbeitung ist abhängig von der Rechtsgrundlage aufgrund der die Personenfotos angefertigt und genutzt werden. Werden die Fotos auf Veranlassung oder durch Mitarbeitende der Einrichtung angefertigt, ist Art. 13 DSGVO maßgeblich. Dem Betroffenen sind sämtliche Informationen übersichtlich und in verständlicher Sprache zur Verfügung zu stellen.[9]

---

[8] Das sogenannte postmortale Persönlichkeitsrecht ist lässig ausgedrückt eine „Erfindung" der Gesetzgeber des KUG. Das Gesetz wurde nach dem Tode Bismarcks, dessen Bild auf dem Totenbett heimlich aufgenommen und vermarktet wurde, verabschiedet.

[9] In der Praxis kollidieren die Forderungen der lesbaren Form mit der Länge des Textes zur Information. Es empfiehlt sich dem Betroffenen zum schnellen Überblick kurze Informationen mit Verweis auf eine Quelle zur ausführlichen Information zur Verfügung zu stellen.

7.2.5.1 Informationspflichten und die Einwilligungserklärung

Einwilligung: Im Rahmen der Einwilligungserklärung ist es sinnvoll, den Text möglichst lesbar auf die „willensbildenden" Informationen zu beschränken. Gesondert anzufügen ist dann die vertiefende Information „Ihre Rechte als Betroffener von Fotoaufnahmen". Sinnvoll ist auch ein Hinweis unter dem Erklärungstext auf eine Website der jeweiligen Organisation, die über die Betroffenenrechte gemäß Art. 13 DSGVO informiert.

7.2.5.2 Informationspflichten bei Model-Verträgen

Model Vertrag: Sind alle Modalitäten der Bildnutzungen vertraglich fixiert, enthält der Vertrag „automatisch" umfangreiche Informationen gemäß Art. 13 DSGVO bezüglich der Datenverarbeitung der Personenfotos. Zusätzlich sind auch die Informationen zu erteilen, die die Datenverarbeitungen zur Erfüllung des Vertrages (z. B. Kontodaten und Adressen) betreffen.

7.2.5.3 Informationspflichten bei Interessen-Rechtsgrundlagen"

„Interessen Rechtsgrundlagen": Die Grafik Abb. 7.4 „Wir machen auf dieser Veranstaltung Fotos" zeigt, wie das Publikum einer Veranstaltung einer Bibliothek der öffentlichen Hand gemäß Art. 13 DSGVO informiert werden kann. Auch hier können schon aus Gründen der geforderten Lesbarkeit nicht sämtliche Informationen ausführlich dargestellt werden. Wie bei der Einwilligung empfiehlt es sich, zusätzlich die geforderten Informationen auf Handzetteln und durch Hinweis auf eine Website der Institution dem Besucher zur Verfügung zu stellen.

Wir machen auf dieser Veranstaltung Fotos!

Verantwortlich für die Erstellung und Nutzung Ihrer Fotos ist: Name, Anschrift, Telefonnummer und Mail-Adresse der öffentlichen Stelle.

Unseren **behördlichen Datenschutzbeauftragten** erreichen Sie unter: Anschrift und Mail-Adresse.

Wir erstellen und nutzen **zwecks Information der Öffentlichkeit** und damit zur Unterstützung unserer gesetzlich zugewiesenen Aufgaben Fotos von dieser Veranstaltung. Rechtsgrundlage dafür ist Art. 6 Abs. 1 Buchst. e DSGVO (in Verbindung mit Grundlage aus dem jeweiligen LDSG oder § 3 BDSG bei Bundesbehörden).

Im Rahmen unserer Öffentlichkeitsarbeit **übermitteln** wir Fotos an die örtliche Presse und wir veröffentlichen Fotos in unserem Account auf Twitter. Zur Langzeitarchivierung übermitteln wir einzelne ausgewählte Fotos an das für uns zuständige behördliche Archiv xyz.

Die **Dauer der Veröffentlichung** richtet sich nach der Erforderlichkeit zur Information der Öffentlichkeit. Veröffentlichungen auf unserer Website werden in der Regel nach X Jahren gelöscht, Tweets nach X Monaten. Die Langzeitarchivierung einzelner Fotos erfolgt unter eingeschränkter Verarbeitung für im öffentlichen Interesse liegende Archivzwecke im zuständigen öffentlichen Archiv (z. B. Landesarchiv Schleswig-Holstein).

Sie haben insbesondere ein **Recht auf Widerspruch** gegen die Erstellung und Nutzung Ihrer Fotos, soweit Sie hierfür einen besonderen Grund anführen können. Zudem können Sie sich bei der zuständigen Datenschutzaufsichtsbehörde (Kontaktdaten der jeweiligen Landesdatenschutzbehörde bei der Stelle eines Landes, bei öffentlichen Stellen des Bundes ist das BfDI zu nennen) beschweren.

Ausführliche Informationen erhalten Sie unter www. xyz-behoerde/ihre-rechte-dsgvo.de und ausgedruckt hier bei der Veranstaltungsleitung im Foyer.

Abb. 7.4 Muster eines Fotoaushangs zur Information der Betroffenen über Fotoaufnahmen aufgrund eine „Interessen-Rechtsgrundlage" zur Veranstaltungsfotografie

Ihr Transfer in die Praxis

Im Rahmen der Öffentlichkeitsarbeit staatlicher und privater Einrichtungen kommen drei Rechtsgrundlagen zur Verarbeitung der personenbezogenen Daten in Form von Fotografien und Videos in Betracht: die Einwilligung, der Vertrag oder das „öffentliche Interesse" bzw. das „berechtigte Interesse" bei der Kommunikation im Rahmen der Wahrnehmung von Grundfreiheiten.

Wichtig ist, dass eine „stabile" Rechtsgrundlage für aufwendige Produktionen zur Öffentlichkeitsarbeit gewählt wird. Nicht tragfähig in der Praxis ist die Einwilligung, da jederzeit widerrufbar, wenn die Beiträge kostspielig zu produzieren sind und sie über längere Zeit genutzt werden sollen. Bei aufwendigen Image-Produktionen bietet sich der Abschluss eines Vertrages mit den Mitwirkenden an.

Nicht zur Mitwirkung an der Öffentlichkeitsarbeit vertraglich verpflichtet aus Arbeits- und Dienstverhältnissen sind Beschäftigte und Professorinnen und Professoren sowie freie Dozentinnen und Dozenten. Sollen z. B. Vorlesungsproben und Vorträge zur Öffentlichkeitsarbeit verbreitet werden (z. B. auf YouTube), bedarf es hierfür entweder eines gesonderten Vertrages oder der Einwilligung.

7.3 Rechtsgrundlagen bei der Arbeit mit Personenfotos in der Lehre, Wissenschaft und Kunst

Im vorangegangenen Abschn. 7.2 ging es um die Rechtsgrundlagen bei der Arbeit mit Personenfotos zum Zweck der Öffentlichkeitsarbeit der Einrichtungen zur Lehre, Wissenschaft und Kultur. Also, um die Berichterstattung einer Einrichtung **über** ihre Arbeit. In diesem Abschnitt erfahren Sie, welche Rechtsgrundlagen zur Nutzung von Personenfotos im Kernbereich Ihrer Arbeit im Bereich der Wissenschaft, Lehre und Kultur heranzuziehen sind. Das kann sich für Sie lohnen, da verschiedene Gesetze spezielle, gegenüber der „strengen" DSGVO, erleichternde Regelungen enthalten.

7.3.1 Anwendbare Datenschutzregelungen im Bereich der Wissenschaft, Lehre und Kultur bei Anfertigung und Nutzung von Personenfotos

Zur Erinnerung: Personenfotos können nur mit der Zustimmung der abgebildeten Person oder mit einer gesetzlichen Erlaubnis veröffentlicht werden. Zustimmungen sind möglich durch einen Vertrag zwischen den abgebildeten Personen (siehe Abschn. 7.2.4.3) und den Nutzenden aber auch durch eine Einwilligung (siehe Abschn. 7.2.4.1), bei der für die Abgebildeten kein Anspruch auf eine Gegenleistung der Nutzenden besteht.

Mögliche Regelungen bei der Verwendung von Personenfotos in Arbeiten zur Lehre, Wissenschaft, Forschung und Kultur können in der DSGVO, dem Landesdatenschutzgesetz, in den Bestimmungen zum Datenschutz im Hochschulgesetz, im Kunsturheberrechtsgesetz und durch die Grundsätze zum **allgemeinen Persönlichkeitsrecht** (APR) zu finden sein.

> Es bedarf stets einer Rechtsgrundlage zur Veröffentlichung von Fotos identifizierbarer Personen. Diese Rechtsgrundlage kann im Wege der Absprache (Vertrag, Einwilligung) und/oder in einer Erlaubnis liegen, in der die Interessen des Betroffenen gegenüber den Interessen des Verantwortlichen zurückstehen.

Welche Regelungen sind für eine Einrichtung der Wissenschaft, Lehre und Kultur heranzuziehen? Zu beantworten ist diese Frage zunächst aus der rechtlichen Organisationsform einer Einrichtung. Ist die Einrichtung eine „öffentliche Stelle" im Sinne des Bundesdatenschutzgesetzes (BDSG) oder der Landesdatenschutzgesetze (LDSG)? Die Rechtsgrundlagen zum Umgang mit personenbezogenen Daten sind für öffentliche Stellen des Bundes im BDSG und für öffentliche Stellen der Länder im jeweiligen LDSG zu suchen. Auch für die Arbeit mit Personenfotos, die ohne Zustimmung der Betroffenen Verwendung finden sollen, kommen dann spezielle Rechtsgrundlagen für „besondere Verarbeitungssituationen" im überwiegenden Interesse der jeweiligen Aufgabe in Betracht.

Handelt es sich um eine Einrichtung ohne hoheitliche Aufgabe in privater Trägerschaft, ist die Rechtsgrundlage (mit wenigen Ausnahmen) in der DSGVO und bei Abbildungen Beschäftigter im BDSG zu suchen. Als Träger von Freiheitsrechten können sich die Privaten bei der Publikation auf die Rechtsgrundlage „berechtigte Interessen" entsprechend Art. 6 Abs. 1 Buchstabe f DSGVO stützen.

Datenschutzgesetze oder Kunsturheberrechtsgesetz?
Unabhängig von der Organisationsform der veröffentlichenden Instanzen seit Geltung der DSGVO im Mai 2018 besteht keine Einigkeit darüber, ob nun das Kunsturheberrechtsgesetz für das Veröffentlichen von Personenfotos heranzuziehen ist oder ob die Regelungen der Datenschutzgesetze mit allen ihren Pflichten und Betroffenenrechte anzuwenden sind.

Selbst in Gerichtsurteilen werden bei ähnlichen Sachverhalten mal die Datenschutzgesetze herangezogen und dann wieder wird auf der Grundlage des Kunsturheberrechtsgesetzes entschieden. Deutlich ist jedoch, dass unter Anwendung des Kunsturheberrechtsgesetzes die Auslegung „europarechtskonform" vorgenommen wird, und damit Grundsätze aus dem Recht auf informationelle Selbstbestimmung die Auslegung und Anwendung der KUG Regelungen restriktiver beeinflussen als dieses in der traditionellen Sichtweise „Recht am Bild" als Persönlichkeitsrecht bisher geschah.

Nach Ansicht der Datenschutzbehörden unterliegt die Arbeit mit Personenfotos von der Aufnahme an bis zur Archivierung und Löschung dem Erlaubnisvorbehalt der Datenschutzgesetze.

Nachfolgend werden die speziellen und teilweise gelockerten Erlaubnisse im Bereich der Lehre, Wissenschaft, Forschung und Kultur auf der Grundlage von „Interessen" zur Nutzung von Personenfotos im Bereich der Wissenschaft, Lehre und Kultur dargestellt.

7.3.1.1 Privilegien im Bereich der Wissenschaft, Lehre und Kultur

Der europäische Gesetzgeber hatte bei der Beratung zur DSGVO erkannt, dass es Fälle gibt, in denen die Aufgaben und Freiheiten, sowohl natürlicher wie auch juristischer Personen, in einen Konflikt mit den Regelungen der Grundverordnung geraten. So ist beispielsweise die journalistische Tätigkeit durch den bundesdeutschen Gesetzgeber weitgehend von den Regelungen des Datenschutzes befreit. Anders könnte die Presse ihre Funktion einer freien Berichterstattung als „Demokratie-Baustein" nicht erfüllen. Ähnlich wie beim Presseprivileg bestehen auch Lockerungen für die Bereiche der Wissenschaft, Lehre und Kultur.

Hintergrund zur Lockerung des Datenschutzes im Bereich der Wissenschaft, Lehre und Kultur

Lockerungen des Datenschutzes in bestimmten Lebensbereichen ist möglich, da auf EU-Ebene mit Art. 85 Abs. 2 DSGVO den nationalen Gesetzgebern ein „Privilegierungsspielraum" zugestanden wird. Im Gesetzestext der DSGVO werden Verarbeitungen im Bereich der Freiheit der Meinungsäußerung und Informationsfreiheit benannt. Eingeschlossen sind dabei nach Erwägungsgrund 153 DSGVO die Verarbeitung zu journalistischen oder wissenschaftlichen, künstlerischen oder literarischen Zwecken.

In den vergangenen Jahren wurde von der Klausel des Art. 85 Abs. 2 DSGVO häufig Gebrauch gemacht. So bestehen jetzt in verschiedenen Bundes- und Landesgesetzen „verstreut" spezielle Regelungen.

7.3.1.2 Begünstigte der Lockerungen von datenschutzrechtlichen Regelungen

Begünstigte der Erleichterungen vom Regelwerk der Datenschutzgesetze können natürliche Personen wie auch juristische Personen sein.

Natürliche Personen

Sogenannte natürliche Personen wie Professoren und Wissenschaftler sowie auch „Laien" können die nationalen Lockerungen der datenschutzrechtlichen Pflichten in Anspruch nehmen. Voraussetzung ist, dass die Daten zum Zwecke der Forschung, Wissenschaft, Lehre oder Kultur erhoben werden.

Juristische Personen

Bei Einrichtungen der öffentlichen Hand ist eine Besonderheit zu berücksichtigen: Die Lockerungen dienen im Bereich von Wissenschaft, Lehre und Kultur der Sicherstellung von Freiheitsrechten (siehe oben unter Abschn. 7.1.1.3). Staatliche Einrichtungen handeln grundsätzlich nicht als Träger von Freiheitsrechten, sondern auf der Grundlage von Kompetenzen, also den ihnen gesetzlich oder durch Satzung zugewiesenen Aufgaben. Der Grundsatz, dass sich staatliche Einrichtungen nicht auf Freiheitsrechte berufen können, wird jedoch dann durchbrochen, wenn der staatlichen Einrichtung gesetzliche Aufgaben zugewiesen sind, die gerade zur Verwirklichung von bestimmten Grundrechten beitragen sollen. Ist dieses der Fall, wird von „grundrechtsdienenden Aufgaben" gesprochen.

Grundrechtsdienende juristische Personen sind beispielsweise die staatlichen Universitäten mit ihren Fakultäten, die die wissenschaftliche Betätigung ermöglichen sollen. Insoweit sind staatliche Universitäten Träger des Grundrechts der Wissenschaftsfreiheit (Art. 5 Abs. 3 S. 1 Var. 2 GG).

Damit können auch staatliche Einrichtungen in dem beschriebenen engen Rahmen als partielle Grundrechtsträger Nutznießer von Lockerungen des Datenschutzes zum Zweck der Gewährleistung von Freiheitsrechten sein. Jedoch immer nur so weit, wie die „grundrechtsdienende Aufgabe" dieses zulässt. Verlässt die Datenerhebung und Verarbeitung den privilegierten Bereich der Wissenschaft oder Kunst, kann sich eine staatliche Einrichtung nicht mehr auf die speziellen Rechtsgrundlagen berufen.

Wer ist Verantwortlicher für die Verarbeitungen personenbezogener Daten im Wissenschaftsbetrieb?

Anders als in einem Unternehmen der Wirtschaft mit ihren weisungsgebundenen Beschäftigten stellt sich die Beurteilung der datenschutzrechtlichen Verantwortlichkeit im Wissenschafts- und Kulturbetrieb dar.

Während bei weisungsgebundenen Beschäftigten die Verantwortung zur Einhaltung des Datenschutzes beim Arbeitgeber liegt, sind zahlreiche Mitarbeitende der Institutionen der Kultur und Wissenschaft nicht weisungsgebunden. So unterliegen aufgrund ihres Status

Professorinnen und Professoren im Rahmen der wissenschaftlichen Arbeit in der Regel nicht den Anweisungen der Universitäten als Arbeitgeber.

Hieraus ergeben sich in der Praxis Unsicherheiten bei der Zuordnung der Verantwortlichkeit der Träger. Denkbar und praktikabel ist die Grundlage der gemeinsamen Verantwortlichkeit von Forschenden und der jeweiligen Einrichtung, an der die Forschenden tätig sind:

„Für die Datenverarbeitung ist verantwortlich, wer allein oder mit anderen über deren Zwecke und Mittel entscheidet. An Hochschulen kann man „untechnisch" von einer „Rahmenverantwortung" der Hochschule ausgehen, die aber im Einzelfall von den Forschern weisungsfrei und unabhängig umgesetzt wird. Sie stützen sich bei der Wahrnehmung ihrer Privilegien auf ihre höchstpersönliche Forschungsfreiheit. **Wenn Hochschulen die Verantwortung allein bei den Wissenschaftlern sehen, dann ist das aus meiner Sicht falsch.** Schließlich nimmt die Hochschule mittelbar auch Einfluss auf die Zwecke der wissenschaftlichen Datenverarbeitung. Sie bestimmt etwa über die Gründung, Ausrichtung und Ausstattung der Forschungseinrichtungen an der Hochschule. Auf der anderen Seite entscheidet der Forscher unabhängig und weisungsfrei über die konkreten Zwecke und Mittel der Datenverarbeitung im Rahmen seiner Forschung. Aufgrund der Weisungsfreiheit ist eine alleinige Verantwortung der Hochschule im Geltungsbereich der Forschungsfreiheit, anders als bei Personal- und Verwaltungsverantwortung, schwer begründbar. Man muss nun untersuchen, inwieweit es sich hier um eine gemeinsame Verantwortung handelt, deren Voraussetzungen der Europäische Gerichtshof akzentuiert hat. Läge sie vor, so bedürfte es nach der DS-GVO einer Vereinbarung zwischen Hochschule und Hochschullehrer über deren Verteilung." (Invernizzi, 05. 11. 2019)

7.3.1.3 Überblick zu den privilegierenden Erlaubnissen im Bereich der Wissenschaft, Lehre und Kultur

Welche speziellen Gesetze erlauben unter bestimmten Voraussetzungen das Veröffentlichen von Personenfotos unter „gelockertem" Datenschutz?

Folgende spezielle Privilegien und Rechtsgrundlagen im Bereich der Wissenschaft, Lehre und Kultur bestehen mit dem

- Kunstprivileg, welches zur „Datenverarbeitung zu künstlerischen Zwecken" berechtigt, geregelt in einigen Landesdatenschutzgesetzen (z. B. § 12 HmbDSG). Privilegiert sind nicht nur natürliche Personen, sondern auch juristische Personen. Eine staatliche Kunsthochschule, deren Aufgabe in der Forschung und Lehre zur Kunst besteht, kann sich auf das Kunstprivileg berufen;
- sofern Hochschulen personenbezogene Daten zu wissenschaftlichen Forschungszwecken verarbeiten, besteht das Forschungsprivileg;
- ein „Lehrprivileg" besteht, auch wenn häufig nicht benannt, als Folge der Wissenschaftsfreiheit (Schwartmann, 02.07.2018).

7.3.2 Fallkonstellationen und Lösungen im Rahmen von Kunst und Forschung

Bei der Vielzahl von möglichen Konstellationen der Veröffentlichungen von Personenfotos im Bereich der Wissenschaft, Forschung, Kultur und Lehre mit ihren unterschiedlichen Trägern und Aufgabenstellungen ist es im Rahmen dieses Buches nicht möglich, jeden Einzelfall darzustellen. Jedoch lässt sich eine Systematik darstellen, die Ihnen an den Beispielen einer Kunsthochschule und einer Forschungseinrichtung die notwendigen Fragestellungen zur Auffindung der richtigen Rechtsgrundlage erleichtert.

7.3.2.1 Beispielfall Fotoexkursion der Studierenden

Im Rahmen eines Kurses zur „Straßenfotografie" einer Kunsthochschule in der Trägerschaft des Bundeslandes Hamburg werden von den Teilnehmenden Momentaufnahmen von Passanten einer öffentlichen Einkaufsstraße angefertigt, in der Lehre gezeigt und besprochen. Einwilligungen wurden von keiner der fotografierten Personen eingeholt.

§ 12 Abs. 1 des Landesdatenschutzgesetzes Hamburg (HmbDSG) bestimmt: Soweit personenbezogene Daten zu künstlerischen Zwecken verarbeitet werden, gelten von den Kapiteln II bis VII sowie IX der Verordnung (EU) 2016/679 nur Artikel 5 Absatz 1 Buchstaben b und f sowie die Artikel 24, 32 und 33.

Folgt man der wohl richtigen Auffassung, dass künstlerische Personenfotos, die im Rahmen des Studiums angefertigt und gezeigt werden, künstlerischen Zwecken dienen, hat dieses in diesem Fall zur Konsequenz, dass die Rechtsgrundlage hierfür nicht in den Datenschutzgesetzen zu suchen ist. Nun sind Personen, die zu künstlerischen Zwecken fotografiert und deren Fotos verbreitet werden, nicht schutzlos. Heranzuziehen sind die Regelungen des Kunsturheberrechtsgesetzes (KUG) für das Zeigen der Fotos im Rahmen der Lehrveranstaltung und für das Anfertigen gelten die Grundsätze zum allgemeinen Persönlichkeitsrecht.

Anwendung des KUG

Die bloße Anfertigung von Personenfotos ist nicht vom Kunsturheberrechtsgesetz (KUG) erfasst. Nach dem Gesetzestext gilt das KUG lediglich für das Verbreiten von Personenfotos. Grundsätzlich bedarf es hierfür der Einwilligung. Jedoch sieht § 23 Abs. 1 KUG Ausnahmen vom Einwilligungserfordernis vor. Im Beispielfall kommt die Ausnahme § 23 Abs. 1 Nr. 4 „Bildnisse, die nicht auf Bestellung angefertigt sind, sofern die Verbreitung oder Schaustellung einem höheren Interesse der Kunst dient" zum Tragen. Jedoch nur dann, wenn nach § 23 Abs. 2 KUG kein berechtigtes Interesse der Abgebildeten verletzt wird. Da die Fotos heimlich angefertigt wurden und die Personen nicht damit rechnen mussten von Studierenden fotografiert zu werden, ist zu überlegen, ob das Interesse „Kunstfreiheit" hinter dem Persönlichkeitsrecht der Abgebildeten zurücktreten muss. Bei der Beantwortung dieser Frage sind die Fotos genauer zu betrachten. Sind sie kompromittierend für die gezeigten Personen? Auf der anderen Seite ist in die Waagschale zu legen, dass die Fotos nur in einem sehr kleinen Kreis gezeigt werden. Nach der hier vertretenen Auffassung werden die Fotos rechtmäßig verbreitet. Ganz anders stellt sich jedoch die Situation dar, wenn die

Fotos einer breiten Öffentlichkeit, z. B. im Internet oder als Plakat zur Bewerbung der Ausstellung gezeigt werden.[10]

Anwendbarkeit der Grundsätze zum allgemeinen Persönlichkeitsrecht

Das „Anlegen der Kamera" auf Personen kann Ängste bei ihnen erzeugen: „Wo werden die Fotos veröffentlicht und warum werde ich fotografiert?" Personen, die sich so konfrontiert sehen, fühlen sich unfrei und befangen. Es besteht ein „Überwachungsdruck". Passanten, die z. B. mit der Kamera derartig verfolgt werden, können sich dann gegen das Anfertigen von Fotos aus ihrem allgemeinen Persönlichkeitsrecht wehren.

Nun könnte man im Beispielfall auf die Idee kommen „dann ist es ja gut, dass heimlich fotografiert wurde". Zu bedenken ist dabei aber, dass Heimlichkeit in der Regel, außer in dem beschriebenen sehr speziellen Beispielfall, zum Überwiegen der berechtigten Interessen der Abgebildeten führt und damit die Ausnahme vom Einwilligungserfordernis entfällt und das Veröffentlichen damit illegal ist.

7.3.2.2 Beispielfall Forschungsarbeit mit historischen Fotos zu „Kinderbetreuung in der DDR"

Im Rahmen einer Forschungsarbeit einer sozialwissenschaftlichen Fakultät im Nordrhein-Westfalen wird ein Beitrag mit dem Thema „Kinderbetreuung in der DDR" verfasst. Die Arbeit soll nach Abschluss auf der Website der Fakultät abrufbar sein. Die zu veröffentlichenden Fotos stammen aus der Bilddatenbank des Bundesarchivs.

Soweit die Fotos verstorbene Personen zeigen, ist das Kunsturheberrechtsgesetz (KUG) anzuwenden. Verstorbene Personen sind vom Datenschutz ausgenommen. Zeigen die Fotos lebende Personen, so ist die Zulässigkeit der Veröffentlichungen laut dem Datenschutzgesetz

---

[10] BverfG, Beschluss vom 8. Februar 2018, Az. 1 BVR 2112/15.

NRW (DSG NRW) nach dem Kunsturheberrechtsgesetz (§ 5 Abs. 7 DSG NRW) zu beurteilen.

Eine Veröffentlichung ohne die Einwilligung der betroffenen Personen kann auf die Ausnahmeregelung des § 23 Abs. 1 Nr. 1 des KUG zur „Zeitgeschichte" gestützt werden. Auch hier sind die Bildinhalte entscheidend, damit die berechtigten Interessen der Abgebildeten nicht die Interessen an der Darstellung historischer Vorgänge überwiegen. Im Beispielfall sollte auf kompromittierende Darstellungen, wie etwa die Fotos von Kindern auf dem Töpfchen, verzichtet werden.

7.3.2.3 Beispielfall Passanten im Architekturfoto

Die Berliner Architekturstudentin A fertigt eine Semesterarbeit über historische Bauwerke in Berlin an. Hierzu macht sie auch Fotos von Gebäuden an ständig belebten Plätzen. Das Foto des Brandenburger Tors zeigt diverse Passanten, die aufgrund ihrer Kleidung und Statur identifizierbar sind. Die Arbeit mit den Fotos soll den Studierenden sowie auch externen Besuchern der Website Hochschule als PDF zugänglich gemacht werden.

Heranzuziehen ist das Berliner Datenschutzgesetz (BlnDSG). § 17 Abs. 3 BlnDSG bestimmt:

„Öffentliche Stellen, die wissenschaftliche und historische Forschung betreiben, dürfen personenbezogene Daten nur veröffentlichen, wenn die betroffene Person eingewilligt hat oder die Veröffentlichung für die Darstellung von Forschungsergebnissen über Ereignisse der Zeitgeschichte erforderlich ist, es sei denn, dass schutzwürdige Interessen der betroffenen Person überwiegen."

Anders als in den vorangegangenen Fällen ist hier ein Datenschutzgesetz zur Veröffentlichung von Personenfotos einschlägig. Auf eine „Beiwerk-Regelung" wie im Kunsturheberrechtsgesetz kann sich die Berliner Hochschule bei der Veröffentlichung ohne Einwilligung nicht berufen.

Die Abbildung der Passanten muss zunächst „erforderlich" sein („Erforderlichkeit" siehe Abschn. 7.2.4.4). Dieser Begriff beinhaltet auch die Prüfung des mildesten Mittels, mit dem der Zweck zu erreichen ist. Hier kann der Standpunkt eingenommen werden, dass bei einer wissenschaftlichen Arbeit über historische Bauwerke die Personen im Bild nachträglich unscharf gemacht werden können. Oder eine Langzeitbelichtung mit Bewegungsunschärfe der Personen veröffentlicht wird. So wäre zumindest sichergestellt, dass die Identifizierung der Personen erheblich erschwert, wenn nicht unmöglich ist.

7.3.3 Videoschaltungen zum Zweck der Lehre

Spätestens in der ersten Welle der Corona-Pandemie ist die Frage nach den datenschutzrechtlichen Vorgaben zur Videoaufzeichnung und von Videoübertragungen von Lehrenden und Lernenden als dringliche datenschutzrechtliche Frage aufgetaucht.

Diesen Bereich des Datenschutzes untersuchen „Der Landesbeauftragte für den Datenschutz und die Informationsfreiheit Baden-Württemberg" (LfDI) sowie die Landesbeauftragte für Datenschutz und Informationsfreiheit in NRW näher und geben Empfehlungen zu den rechtlichen und technischen Fragestellungen, wobei eine Reihe von verbreiteten Online-Dienste-Anbietern mit Blick auf die Datensicherheit näher betrachtet wird (LfDI Baden-Württemberg, 2021).

7.3.3.1 Rechtsgrundlage für die Verarbeitung personenbezogener Daten im Online-Unterricht – Stellungnahme des LfDI

„Als Rechtsgrundlage scheidet die Einwilligung des Studierenden (Art. 6 Abs. 1lit. a DS-GVO) regelmäßig aus: Gegenüber öffentlichen Stellen fehlt es regelmäßig an der Freiwilligkeit der Einwilligung (vgl. Erwägungsgrund 43), wegen ihrer jederzeitigen Widerruflichkeit (Art. 7 Abs. 3 DS-GVO) stellt sie zudem keine stabile Grundlage für Prüfungen dar. Vorzugswürdig ist daher eine Verarbeitung auf gesetzlicher Grundlage (Art. 6 Abs. 1 lit. c und e DS-GVO), wie sie in Baden-Württemberg mit dem Landeshochschulgesetz (LHG) geschaffen wurde" (LfDI Baden-Württemberg, 15.07.2021).

7.3.3.2 Einsatz geschäftsmäßig erbrachter Videokonferenzdienste – Stellungnahme der Landesbeauftragten für Datenschutz und Informationsfreiheit in NRW

„Aufgrund der seit dem 1. Dezember 2021 neuen Regelungen im Telekommunikationsgesetz (TKG) ordnen wir Videokonferenzdienste nunmehr im Kern als Telekommunikationsdienste ein, die nach § 29 Telekommunikations-Telemedien-Datenschutz-Gesetz (TTDSG) unter der Aufsicht des Bundesbeauftragten für den Datenschutz und die Informationsfreiheit (BfDI) stehen. Dies gilt jedenfalls, soweit diese Dienste eine interpersonelle Kommunikation ermöglichen und der Benutzerkreis nicht völlig offen ist. Soweit § 3 Nr. 24 TKG für das Vorliegen eines interpersonellen Telekommunikationsdienstes verlangt, dass „die Empfänger von den Personen bestimmt werden, die die Telekommunikation veranlassen oder daran beteiligt sind", genügt es nach Auffassung der LDI NRW auch, wenn die Videokonferenz dadurch zustande kommt, dass der Veranlasser der Konferenz einen Link zu einem virtuellen Konferenzraum an die Teilnehmer versendet. Schließlich ist auch davon auszugehen, dass Videokonferenzdienste grundsätzlich gegen Entgelt angeboten werden." (LDI NRW, 28.07.2020)

In Konsequenz dieser Bewertung ist für die Datenverarbeitung im Rahmen der Erbringung des Telekommunikationsdienstes nicht der Nutzer dieses Dienstes verantwortlich, sondern der Anbieter von Telekommunikationsdiensten. Zu den personenbezogenen Daten, für deren Verarbeitung demnach nicht die Hochschule, sondern der Anbieter von Telekommunikationsdiensten selbst verantwortlich ist, zählen insbesondere die Metadaten (hierzu gehören z. B. IP-Adressen, die übertragene Datenmenge, der Browsertyp, das Betriebssystem und Informationen darüber, wer wann mit wem kommuniziert). Dasselbe gilt für die technischen Übertragungsdaten in Bezug auf den Transport der Inhaltsdaten (Fernmeldegeheimnis) (LDI NRW, 28.07.2020).

Ihr Transfer in die Praxis

Für Einrichtungen der Wissenschaft, Forschung, Lehre und Kultur lohnt sich ein Blick in das jeweilig für die Einrichtung geltende Datenschutzgesetz. Zahlreiche Verarbeitungen auch im Umgang mit Fotos und Videos zum Zwecke der Lehre, Forschung, Wissenschaft und Kultur finden hier erhebliche Erleichterungen durch gelockerte datenschutzrechtliche Pflichten.

Für Videoaufzeichnungen und Videoübertragungen zum Zweck der Lehre haben die Datenschutzbehörden inzwischen umfangreiche Handreichungen zum Abruf auf ihren Websites bereitgestellt.

7.4   Rechtsgrundlagen zur Langzeitarchivierung von Personenfotos

Erkennbar abgebildete Personen haben ein „Recht auf Vergessenwerden". Dieses Recht mit seinen Löschungsansprüchen kollidiert regelmäßig mit dem Interesse an der „Gedächtnisfunktion" der fotografischen Dokumentation von Ereignissen.

Art. 17 DSGVO benennt die Fälle, die für den Betroffenen ein „Rechts auf Vergessenwerden" begründen. So löst zunächst der Widerruf einer Einwilligung zur Veröffentlichung eines Personenfotos auch die Pflicht zur Löschung aus. Die Frage ist, ob damit auch die Löschung der in den Pressestellen der Unternehmen, Vereine und Behörden archivierten Roh- und Master-Bilddateien von der betroffenen Person verlangt werden kann. Art. 17 DSGVO begründet zwar ein „Recht auf Vergessenwerden", jedoch ist dieses Recht nicht schrankenlos, so dass eine Reihe gesetzlicher Ausnahmen von Löschungspflichten bestehen, wenn die Verarbeitung zu bestimmten Zwecken weiterhin erforderlich ist.

Ausdrücklich für Archivzwecke dürfen personenbezogene Daten gespeichert werden, wenn dieses zur Wahrnehmung einer Aufgabe, die im öffentlichen Interesse liegt, erfolgt. Die Übernahme von Personenfotos aus der Öffentlichkeitsarbeit der Behörden und sonstigen öffentlichen Stellen in öffentliche Archive, wie z. B. einem Stadtarchiv einer Kommune, ermöglicht die Ausnahmeregelung des Art. 17 Abs. 3 Buchst. b DSGVO sowie Art. 89 DSGVO in Verbindung mit dem jeweiligen Landesdatenschutzgesetz. Es besteht keine Löschungspflicht der Archivdateien, wenn die Fotos im Rahmen der Öffentlichkeitsarbeit einer Behörde oder einer sonstigen öffentlichen Stelle rechtmäßig angefertigt wurden.

Unternehmen und Vereine können sich leider nicht auf eine vergleichbare Archiv-Regelung des Art. 17 Abs. 3 Buchst. b DSGVO berufen.

7.4.1 Archivierung im „berechtigten Interesse" Art. 6 Abs. 1 Buchst. f DSGVO

Denkbar ist, dass Unternehmen und Vereine Personenfotos zunächst mit der Einwilligung (Art. 6 Absatz 1 Buchstabe a DSGVO, Art. 7 DSGVO) der Abgebildeten anfertigen und nutzen. Eine Langzeitarchivierung kann anschließend unter Einhaltung der Betroffenenrechte, insbesondere der Informationspflichten gemäß Art. 13 DSGVO, als eigene Stufe der Datenverarbeitung auf die Rechtsgrundlage des Art. 6 Absatz 1 Buchstabe f DSGVO (berechtigte Interessen) gestützt werden.

Rechtsgüterabwägung – Urheberrechtliche Nutzungsrechte versus „Recht auf Vergessenwerden"
Hierfür ist zunächst in der Rechtsgüterabwägung zwischen Verantwortlichen und Betroffenen das Überwiegen der Interessen des Unternehmens oder Vereins gegenüber den Interessen der abgebildeten Personen erforderlich. Im Einzelfall wäre zu klären, ob die Archivierung einzelner ausgesuchter Fotos unter „eingeschränkter Verarbeitung" das Recht auf Vergessenwerden der Abgebildeten überwiegt. Dabei kann das Unternehmen oder der Verein anführen, dass ein wirtschaftliches Interesse am Erhalt der Nutzbarkeit urheberrechtlich erworbener Werte besteht. Das berechtigte Interesse ergibt sich aus der Stellung der Organisation als Inhaber von urheberrechtlichen Nutzungsrechten. Weiter kann ein ideelles Interesse zur späteren Dokumentation der Unternehmens- oder Vereinsgeschichte in die Waagschale der Rechtsgüterabwägung gelegt werden.

Ob eine Rechtsgüterabwägung hier zu Gunsten der Nutzungsrecht-einhaber ausgeht und einer gerichtlichen Überprüfung standhält, lässt sich derzeit mangels Rechtsprechung noch nicht beantworten.

7.4.2 Praxis: Einwilligung und Informationspflichten

In der Praxis müssten den zu fotografierenden Personen die eventuelle Langzeitarchivierung ihrer Fotos aufgrund des Transparenzgebotes der DSGVO zur Kenntnis gebracht werden. Wird eine Einwilligung eingeholt, muss der Betroffene auch wissen, dass seine Einwilligung den weiteren Verarbeitungsvorgang der Langzeitarchivierung im „berechtigten Interesse" auslöst. Ein Einwilligungstext muss somit als willensbildenden Bestandteil der Zustimmung in die Erstellung und Nutzung auch darüber informieren, dass die anschließende Langzeit-archivierung auf der Rechtsgrundlage des Art. 6 Absatz 1 Buchstabe f DSGVO erfolgt und dass der in die Anfertigung und Nutzung Ein-willigende bezüglich einer Archivierung lediglich ein Widerspruchsrecht geltend machen kann.

Als Fazit lässt sich festhalten, dass eine Langzeitarchivierung auf der Rechtsgrundlage des Art. 6 Absatz 1 Buchst. f DSGVO zurzeit unsicher ist. Eine Klärung der urheberrechtlichen Stellung im Verhältnis zum Datenschutz ist bisher nicht erfolgt.

7.4.3 Fotoarchivierung aufgrund möglicher Rechtsstreitigkeiten ist keine Lösung

Da regelmäßig über urheberrechtliche Nutzungsrechte gestritten wird, könnte man sich auf den Standpunkt stellen, dass im Streitfall der Nachweis von Urheberschaft und exklusiven Nutzungsberechtigungen nicht mehr möglich ist, wenn die Archivdateien vollständig gelöscht werden. Diese in der Literatur diskutierte Konstruktion trägt leider nicht. Denn es bedarf für diese Ausnahme von der Löschungspflicht nach Art. 17 Abs. 3 Buchst. e DSGVO nicht eines abstrakten und mög-licherweise bevorstehenden Streifalls, sondern die Streitfälle müssen schon stattfinden oder sicher bevorstehen. Andernfalls könnte nahezu jeder Löschungsanspruch des Betroffenen mit der Argumentation einer möglicherweise bevorstehenden rechtlichen Auseinandersetzung abgewehrt werden.

7.4.4 Lösung zur Archivierung der Fotodaten gemäß Art. 17 Abs. 3 Buchst. a DSGVO – „freie Meinungsäußerung und Information"

Schwerlich einzusehen ist es, dass Porträts sowie Fotos auf denen Personen agieren, und die unter Verwendung von finanziellen Mitteln erstellt wurden, der kompletten Vernichtung anheimfallen, wenn fotografierte Personen z. B. ihre Einwilligung widerrufen und den Widerruf gemäß Art. 7 Abs. 3 DSGVO noch nicht einmal begründen müssen.

Ebenso unbefriedigend verhält es sich mit der Zerstörung der ideellen Werte von Personenfotos: Unternehmen und Vereine haben eine Geschichte, die dokumentationswürdig werden kann. Ein Belegschaftsfoto vor dem Werksgebäude mag heute langweilig erscheinen. In einigen Jahrzehnten wird es wie schriftliche Dokumente von hohem Wert für die Dokumentation der Firmengeschichte werden. Denkbar ist daher, dass die Archivierung im Rahmen der Kommunikationsrechte einer Organisation entsprechend der Löschungsausnahme Art. 17 Abs. 3 Buchst. a DSGVO möglich ist. Die Ausnahmeregelung des Art. 17 Abs. 3 Buchst. a DSGVO soll der Wahrung des Rechts zur Ausübung der freien Meinungsäußerung und der Information dienen. Sie ist nicht allein auf den Bereich professioneller Medien beschränkt. Unternehmen und Vereine können diese Grundrechte (Art 5, Art. 19 Abs. 3 Grundgesetz) und der Grundrechte-**Charta der EU** ebenso wie natürliche Personen in Anspruch nehmen.

Ihr Transfer in die Praxis

Nach hier vertretener Ansicht können Unternehmen und Vereine Personenfotos, die im Zusammenhang der sie betreffenden Aktivitäten angefertigt wurden, aufgrund der Ausnahmeregelung zur Löschungspflicht „Meinungsfreiheit und Informationsfreiheit" des Art. 17 Abs. 3 Buchst. a DSGVO dauerhaft archivieren. Die Rechte der Betroffenen können dabei angemessen gewahrt werden, wenn die Daten unter „eingeschränkter Verarbeitung" stehen und z. B. auf einer gesonderten Festplatte, die nicht an das Bildmanagementsystem gekoppelt ist, abgelegt werden.

Literatur

Datenschutzrecht.Sachsen.de (o.J.a): Vorschlag für die Formulierung eines Hinweises für offene Veranstaltungen mit großer Teilnehmerzahl, https://www.datenschutzrecht.sachsen.de/download/Anlage1Merkblatt Fotoaufnahmen.pdf. Zugegriffen: 25.08.2022

Datenschutzrecht.Sachsen.de (o.J.b): Muster für eine Einwilligungserklärung für die Erstellung und Veröffentlichung von Bild- und Tonaufnahmen, https://www.datenschutzrecht.sachsen.de/download/Anlage2MerkblattFotoaufnahmen.pdf. Zugegriffen: 25.08.2022

Eggers, Christian W. (2020): Quick Guide Social-Media-Recht der öffentlichen Verwaltung, Springer Gabler, Wiesbaden

Invernizzi, Friedericke (05.11.2019): Wer die Verantwortung für Forschungsdaten trägt, Forschung & Lehre, https://www.forschung-und-lehre.de/forschung/wer-die-verantwortung-fuer-forschungsdaten-traegt-2273. Zugegriffen: 29.06.2022

Landesbeauftragte für Datenschutz und Informationsfreiheit Baden-Württemberg (15.07.2021): Handreichung zu online-Prüfungen an Hochschulen, https://www.baden-wuerttemberg.datenschutz.de/wp-content/uploads/2021/07/20210715_Handreichung-Online-Pruefungen.pdf. Zugegriffen: 19.08.2022

Landesbeauftrager für den Datenschutz und die Informationsfreiheit Baden-Württemberg (2021): Neue Handreichung zu Videokonferenzsystemen, Dezember 2021, https://www.baden-wuerttemberg.datenschutz.de/videokonferenzsysteme/. Zugegriffen: 20.06.2022

Landesbeauftragte für Datenschutz und Informationsfreiheit in NRW (28.07.2020): Handreichung zu Online-Prüfungen an Hochschulen, https://www.ldi.nrw.de/handreichung-zu-online-pruefungen-hochschulen. Zugegriffen: 31.06.2022

Schwartmann, Maximilian Hermann (02.07.2018): Was Hochschulen beim Datenschutz beachten müssen, Forschung & Lehre, https://www.forschung-und-lehre.de/management/was-hochschulen-beim-datenschutz-beachten-muessen-772. Zugegriffen: 29.06.2022

8

Gewerbliche Schutzrechte bei der Arbeit mit Grafiken, Videos und Fotos

Was Sie aus diesem Kapitel mitnehmen

In diesem Kapitel erfahren Sie, wie mit Fotos, Grafiken und Videos umzugehen ist, die fremde Produkte zeigen.

Immer dann, wenn Produkte in Publikationen abgebildet werden, stellt sich die Frage, ob damit in die Schutzrechte der Rechteinhaber, zumeist Unternehmen, eingegriffen wird. Sogenannte gewerbliche Schutzrechte werden im Bildrecht bei der Abbildung von Marken und Designs in Fotos, Videos und Grafiken relevant.

Produktgestaltungen können als Design geschützt sein. Auch die zweidimensionale Reproduktion und Nutzung steht nach dem Schutzumfang des Designrechts zunächst nur dem Designrechtsinhaber zu.

Zeigen abgebildete Gegenstände Markennamen und Logos, muss geprüft werden, ob eine Nutzung der fremden Marke erfolgt und ob dabei das Markenrecht der jeweiligen Rechteinhaber verletzt wird.

8.1   Fremde Marken im Bild

Marken sind Kennzeichen für Waren und Dienstleistungen. Mit Bestandsschutz sind in das Markenregister als Kennzeichen für Waren und Dienstleistungen Textmarken, Bildmarken, Formmarken sowie ein kurzer Satz (Slogan) eingetragen. Der Markenschutz schützt die Markeninhaber vor Verwechselungen, Ausnutzung und Verunglimpfung einer Marke.

Gegenständliche Gestaltungen können als Erkennungszeichen unter dem Begriff „Formmarke" geschützt sein. Dieses ist bedeutsam, wenn etwa fremde Produkte wie Lego-Männchen beispielweise zur Illustration in Publikationen abgebildet werden.

Nachfolgend erfahren Sie, wann eine Markenrechtsverletzung durch Einrichtungen der Wissenschaft, Lehre und Kultur vorliegen kann.

8.1.1   Die Marke darf grundsätzlich nicht ohne Erlaubnis des Inhabers in den geschäftlichen Verkehr gebracht werden

Ansprüche aus Markenverletzungen setzen nach § 14 Markengesetz (MarkenG) zunächst eine Verletzungshandlung im *geschäftlichen Verkehr* voraus. An das Merkmal sind keine hohen Anforderungen zu richten. Unter „geschäftlicher Verkehr" ist jede wirtschaftliche Betätigung zu verstehen. Ausgenommen sind rein private Nutzungshandlungen sowie Nutzungen zu amtlichen oder politischen Zwecken. Hier sind unter Umständen weitere gewerbliche Schutzrechte zu beachten (siehe Abschn. 8.4).

Eine Markenrechtsverletzung ist nicht allein schon deshalb ausgeschlossen, wenn Marken (z. B. Logos) von einer nicht-kommerziellen Einrichtung in Veröffentlichungen gezeigt werden. Fehlende Gewinnabsicht und Entgeltlichkeit schließen den „geschäftlichen Verkehr" nicht aus.

Beispiel für das Abbilden einer Marke im geschäftlichen Verkehr durch eine Hochschule

Eine Hochschule preist auf ihrer Website das Studieren in der Stadt Berlin an. Auf einer Service-Seite nennt die Universität Lokalitäten mit Vorzugsangeboten für Studierende. Dabei zeigt sie die Text- und Bildmarken der jeweiligen Anbieter. Die Universität müsste hierfür die Zustimmung der Markenrechtsinhaber einholen.

Entscheidend für das Zeigen der Marken nur mit der Zustimmung der Markeninhaber ist in diesem Beispiel, dass die Marken in einer Veröffentlichungsinformation, die auf Absatz- und Nachfrage gerichtet ist, gezeigt werden. Auch wenn die Universität keinen wirtschaftlichen Vorteil durch die markenmäßige Darstellung der jeweiligen Unternehmen erlangt und auch nicht in dieser Absicht handelt, werden die Marken in diesem Beispiel in den geschäftlichen Verkehr gebracht und „markenmäßig" genutzt.

Die Wahrscheinlichkeit, dass die Markeninhaber gegen die unberechtigte Veröffentlichung vorgehen, ist in diesem Beispiel gering. Erst wenn eine Markenrechtsverletzung hinzutritt (Verwechselungsgefahr, Imageausbeutung oder Verunglimpfung; siehe Abschn. 8.1.3), müssten die Markenrechtsinhaber zur Verteidigung der Marke einschreiten.

8.1.2 Duldung der Nutzung bei überwiegenden Kommunikationsrechten der Verwender

Selbst dann, wenn Juristinnen und Juristen im Einzelfall zu dem Ergebnis gelangen, dass die Abbildung der Marke im geschäftlichen Verkehr erfolgt, kann die Wiedergabe der Marke ohne Zustimmung des Inhabers rechtmäßig sein. Mischen sich wirtschaftliche Interessen und Kommunikationsinteressen bei der Publikation von Marken, kann der Inhaber der Marke dennoch zur Duldung der Verwendung gezwungen sein.

Für Verwendungen im Bereich der Wissenschaft, Lehre und Kultur kann gesagt werden, dass die Publikationen von Marken von den Inhabern zu dulden ist, wenn die Kommunikationsrechte des Verwenders die wirtschaftlichen Interessen des Markeninhabers überwiegen. Dieses kann grundsätzlich dann geschehen, wenn fremde Marken nur zitiert werden und sie nicht für eigene Zwecke oder fremde wirtschaftliche Interessen der Nachfrageerzeugung genutzt werden.

> **Beispiel für das Abbilden einer Marke im geschäftlichen Verkehr bei Publikationen der Kunst**
>
> Ein Foto in einem Bildband zeigt im Vordergrund einen Bademantel aus Frottee, auf dem scharf wiedergegeben und auf dem Kopf stehend das Hotel-Emblem nebst Schriftzug zu erkennen ist. Im Hintergrund ist unscharf ein nackter Mann abgebildet. Die Hotelbetreiberin ist damit nicht einverstanden und beruft sich auf ihr Markenrecht. Das ist prinzipiell hier möglich. Jedoch hatte die Inhaberin der Marke die Abbildung aufgrund der in diesem speziellen Fall höher bewerteten Kunstfreiheit des Verlegers des Buches zu dulden.[1] Denn die Marke wurde als künstlerisches Gestaltungsmittel in das Bild integriert. Obwohl in diesem Fall ein wirtschaftliches Interesse des Verlegers vorhanden ist, ist daneben das bestehende künstlerische Interesse an der Publikation der Marke zu berücksichtigen.

Wie in dem Bereich der Kunst im obigen Beispiel kann sich aus der Abwägung der widerstreitenden grundrechtlich geschützten Positionen zwischen Markenrechtsinhabern und Nutzern der Marke eine Duldung der Nutzung ergeben. Findet eine Auseinandersetzung mit der Gestaltung einer Marke, etwa in einem Lehrbuch zur Gestaltung, statt und wird diese im Zuge der Ausführungen gezeigt, ist das unproblematisch. In redaktionell journalistischen Beiträgen kann eine Marke zur Illustration gezeigt werden, ohne dass sich der Inhaber auf den Markenschutz berufen kann. Das Überwiegen der Meinungsfreiheit, hier speziell die Pressefreiheit, zwingen den Markeninhaber zur Duldung.[2]

Werden Marken lediglich zur Auflockerung von Texten oder als grafische Gestaltungselemente in Präsentationen, Lehrbüchern und Fachartikeln gezeigt, kann dieses dann problematisch werden, wenn einer der Tatbestände einer Markenrechtsverletzung hinzutritt.

---

[1] KG Berlin, Urteil v. 09.Novermber 2010, Az. 5 U 69/09.

[2] Wichtig ist zu wissen, dass sich Markeninhaber in vielen Fällen neben dem Markenrecht mit weiteren Schutzrechten wehren können. Diese könnten auch dann, wenn eine Markenrechtsverletzung ausgeschlossen ist, zum Tragen kommen (siehe Abschn. 8.4).

In welchen Fällen eine Markenrechtsverletzung vorliegt, erfahren Sie im nachfolgenden Abschnitt.

8.1.3 Markenrechtsverletzung

Eine Verletzung von in das Markenregister eingetragenen Kennzeichen für Waren und Dienstleistungen sowie dem Verbraucher bekannte Markenzeichen kann vorliegen, wenn einer der nachfolgenden Punkte bei der Publikation der fremden Marke vorliegt:

- Es besteht die Gefahr von Markenverwechselungen,
- es wird der fälschliche Eindruck vermittelt, man habe etwas mit der Marke zu tun (etwa als Sponsor oder Vertriebspartner),
- das Image der Marke führt zur Aufwertung von Beiträgen und Inhalten,
- die Marke wird schlechtgemacht.

Als Faustregel für das Vorliegen einer möglichen Verletzungshandlung in Publikationen kann gelten, dass dann, wenn einer Marke im Veröffentlichungskontext „zu nahe getreten" wird, Vorsicht angebracht ist.

Keine Beiwerk-Regelung und keine Panoramafreiheit bei der Abbildung von Marken
Eine „Beiwerk-Regelung" oder die „Panoramafreiheit" für fremde Marken (vergleichbar der Regelungen im Urheberrecht) gibt es nicht. Das bedeutet, dass es immer auf den Gesamteindruck der Veröffentlichung ankommt. Ihre Fragestellung bei der Prüfung von fremden Marken im Bild kann lauten: Wird die Marke in einem Kontext so gezeigt, dass es zu Verwechselungen, Ausnutzungen oder Verunglimpfungen der Marke kommen kann? Die Größe der Abbildung kann nur ein Indiz bei der Prüfung einer Verletzung sein. Sie ist nicht deshalb ausgeschlossen, nur weil die Marke klein wiedergegeben wird.

Entfernen von Markenzeichen durch Retusche
Das Entfernen von Marken durch Retusche ist nach der Rechtsprechung des BGH keine Verwendung des Zeichens und damit keine Verletzung des Markenschutzes. Beispiel: Der Marken-Schriftzug einer abgebildeten Kamera wird durch Retusche entfernt. Einer Markenrechtsverletzung kann durch Retuschen vorgebeugt werden.

In den Publikationen der Wissensgesellschaft (Wissenschaft, Lehre und Kultur) sind Markenrechtsverletzungen in allen oben gelisteten Tatbeständen denkbar.

Verwechselungen können insbesondere bestehen, wenn z. B. ein Verlag das Logo eines Mitbewerbers in seinen Publikationen verwendet. Der Eindruck eines Sponsorings kann entstehen, wenn die fremde Marke wiederholt herausgestellt wird oder in Informationsabschnitten über die eigene Einrichtung, etwa einer Berichterstattung über Aktivitäten, gezeigt wird. Wird eine Marke so gezeigt, dass der übrige Inhalt einer Publikation als besonders bedeutend erscheint, profitiert der Verwender ungerechtfertigt vom Ruf der Marke. Direkt und indirekt kann eine Marke durch den Veröffentlichungskontext in ein schlechtes Licht gerückt werden.

Zusatzinformation zu der Markenrechtsverletzung durch Image-Transfer

Schutzbereich im Markenrecht ist nicht nur die Abgrenzung von Mitbewerbern und Schutz vor Schädigung durch Schlechtmachen, sondern auch ein Schutz gegen Ausbeutung.

Wer sich in den Bereich der Sogwirkung einer bekannten Marke begibt, um von ihrer Anziehungskraft, ihrem Ruf und ihrem Ansehen zu profitieren und um ohne finanzielle Gegenleistung die wirtschaftlichen Anstrengungen des Markeninhabers zur Schaffung und Aufrechterhaltung des Images dieser Marke auszunutzen, handelt unlauter.[3]

8.1.4 Marken in Open-Content-Publikationen

Zu bedenken ist stets, dass Publikationen, die als „Open Content" (z. B. mittels CC-Lizenzen) zur Verfügung gestellt werden, lediglich die urheberrechtliche Nutzung der Inhalte regeln. Wie bei Personenfotos erfasst ein Open-Content-Lizenzumfang, und sei er noch so

---

[3] EuGH, Urteil v. 18. Juni 2009, Az. C-487/07 „L'Oréal/Bellure".

großzügig gefasst, nicht die Verwendung von fremden Marken. Dann, wenn fremde Marken in dem Medium enthalten sind, müssen sich Open-Content-Nutzende vergewissern, dass ihre konkreten Nutzungsvorhaben keine unrechtmäßige Verwendung der Marken mit sich bringt (Steinhau 2019).

8.2　Fremde Designs im Bild

Wie der Schutz der Marken gehört der Schutz des Designs von Produkten ebenfalls zu den gewerblichen Schutzrechten. Schutzzweck ist nicht die kreative Leistung einer natürlichen Person, so wie im Urheberrecht. Designschutz dient vorrangig den Interessen von Produktherstellern, die Aufwendungen in die Gestaltung von Gebrauchsgegenständen getätigt haben.

8.2.1　Designschutz schließt auch Abbildungen fremder Gestaltungen ein

Grundsätzlich kann und soll der Designrechtsinhaber (auf europäischer Ebene „Geschmacksmuster) auch über die fotografische Reproduktion und über die Nutzung dieser Abbildungen entscheiden. Er kann Lizenzen hierzu vergeben, diese aber auch verweigern. Der Rechteinhaber hat das ausschließliche Benutzungsrecht auch bei zweidimensionalen Wiedergaben seines Designs.

8.2.2　Abbildungen geschützter Designs im kommerziellen Kontext

In der Produktbewerbung und in Imagebroschüren, beispielsweise zur Vorstellung auch von Forschungsfeldern, ist das Abbilden geschützter Designs grundsätzlich nur mit dem Erwerb einer Lizenz hierzu möglich.

> **Beispiel für das rechtswidrige Abbilden eines fremden Designs in einer Informationsbroschüre**
>
> Ein Forschungsinstitut zeigt in einer Broschüre zur Herausstellung ihrer Tätigkeitsfelder und Angebote das geschützte Design einer Fahrzeugkarosserie. Es entsteht im Zusammenhang mit einem Text der fälschliche Eindruck, das Forschungsinstitut sei an der Entwicklung des Fahrzeuges beteiligt gewesen. Der Rechteinhaber kann sich erfolgreich auf sein Designrecht berufen und weitere Reproduktionen und Verteilungen des Prospektes mit der Abbildung untersagen.[4]

In wirtschaftlichen Zusammenhängen, etwa bei Angeboten und Imagebroschüren, darf ein fremdes Design ausnahmsweise ohne Zustimmung der Rechteinhaber gezeigt werden, wenn das unerlässlich zur Erklärung des eigenen Produktes notwendig ist. Im obigen Beispiel wäre das Karosseriebauteil auch dann nicht erlaubnisfrei abzubilden, wenn das Institut tatsächlich für den Designrechtsinhaber tätig war. Denn zur Erklärung des Angebotes des Institutes ist es nicht nötig, das Design der Karosserie abzubilden. Anders ist dies lediglich in den Fällen, in denen die Funktionsweise eines Zubehörteiles am „Hauptprodukt" erklärt werden muss.

8.2.3 Abbildungen fremder Designs zum Zweck der Lehre und als Zitat

Nach § 40 Nr. 3 Designgesetz (DesignG) können Rechte aus dem eingetragenen Design nicht gegenüber Wiedergaben zum Zwecke der Zitierung oder der Lehre geltend gemacht werden. Vorausgesetzt, solche Wiedergaben sind mit den Gepflogenheiten des redlichen Geschäftsverkehrs vereinbar, beeinträchtigen die normale Verwertung des eingetragenen Designs nicht über Gebühr und geben die Quelle an.

---

[4] BGH, Urteil vom 7. April 2011, Az. I ZR 56/09.

**Zusatzinformation: Wie kann man erfahren, ob Marken- und Design-
schutz für ein Produkt bestehen**

Das Deutsche Patent- und Markenamt (DPMA) unterhält eine kostenfreie Möglichkeit, Eintragungen deutscher Marken und Designs online zu
recherchieren. Die Datenbank enthält auch zurückgewiesene deutsche Marken.

Einen ähnlichen Service bietet „Das Amt der Europäischen Union für
geistiges Eigentum" **(EUIPO)** bei der Recherche europaweit geschützter
Rechte. Die Recherche weltweit geschützter Rechte muss über die Welt-
organisation für geistiges Eigentum „World Intellectual Property Organization
(WIPO)" erfolgen.

8.3 Urheberrechtlicher Schutz von Produktgestaltungen

Gegenständliche Produkte können durch ihre individuelle Gestaltung
die urheberrechtliche Schöpfungshöhe (siehe Abschn. 1.3.1) erreichen.
Im Gegensatz zu Produkten mit Marken- und Designschutz können
Nutzende nicht über das Patentamt feststellen, ob ein bestimmtes
Produkt bereits als angewandte Kunst vom Urheberrecht erfasst wird.
Der Bundesgerichtshof (BGH) hat sich im Falle einer Tischdekoration
für Kindergeburtstage mit der Schöpfungshöhe von Produkten befasst.[5]

„Bei der Beurteilung, ob ein Werk der angewandten Kunst die für
einen Urheberrechtsschutz erforderliche Gestaltungshöhe erreicht,
ist zu berücksichtigen, dass die ästhetische Wirkung der Gestaltung
einen Urheberrechtsschutz nur begründen kann, soweit sie nicht dem
Gebrauchszweck geschuldet ist, sondern auf einer künstlerischen Leistung
beruht. Darüber hinaus ist zu beachten, dass eine zwar Urheberrechtsschutz begründende, gleichwohl aber geringe Gestaltungshöhe zu einem
entsprechend engen Schutzbereich des betreffenden Werkes führt."[6]

---

[5] BGH, Urteil v. 13. November 2013, Az. I ZR 143/12 „Geburtstagszug-Entscheidung".
[6] Leitsatz zur künstlerischen Produktgestaltung der Entscheidung.

Vereinfacht kann gesagt werden, dass dann, wenn die Gestaltung lediglich eine Folge der Funktion eines Gegenstandes ist, kein urheberrechtlicher Schutz erlangt wird. Geht die Gestaltung jedoch über die Ästhetik der Funktionalität hinaus, kann auch eine Produktgestaltung urheberrechtlichen Schutz erlangen.[7]

Im Falle einer Playmobil-Figur hat das Landgericht Nürnberg-Fürth den urheberrechtlichen Schutz damit begründet, dass sich die Figur aus der Masse des Alltäglichen heraushebt und mannigfaltige und deutliche Ausprägungen des individuellen künstlerischen Geistes ihres Schöpfers aufweist.[8]

Dieses ist bei Designmöbeln und Spielzeug häufig gegeben. In der Rechtsprechung wurde Urheberrechtsschutz neben den Playmobil-Figuren, dem Mecki-Igel, den Hummel-Figuren sowie der Bambi-Figur und sogar den Schlümpfen zuerkannt.

Beispiel zur urheberrechtlichen Relevanz bei der Nutzung von Produktabbildungen

Eine Ratgeberbuch-Autorin nutzt zur Illustration eines Textes über „Mobbing in Unternehmen" Playmobil-Figuren. Hierfür bedarf es der Zustimmung der Rechteinhaber. Eine zu Gunsten der Autorin bestehende gesetzliche Erlaubnis zur Nutzung der fremden Werke „Playmobil-Figuren" ist in diesem konkreten Beispiel nicht ersichtlich.

Insbesondere bei Veröffentlichungen von urheberrechtlich geschützten Produkten in politischen und weltanschaulichen Zusammenhängen ist damit zu rechnen, dass die Unternehmen als Inhaber der exklusiven Nutzungsrechte gegen die Verwender vorgehen.

Werden urheberrechtlich geschützte Gebrauchsgegenstände im Foto reproduziert und veröffentlicht, bedarf es einer urheberrechtlichen Lizenz. Diese kann als vertragliche Lizenz zwischen Rechteinhaber und Nutzer vereinbart werden, aber auch nach den Grundsätzen der gesetzlichen Lizenzen bestehen (siehe Abschn. 1.3).

---

[7] Urheberrechtlicher Schutz von Produktgestaltungen kann gleichzeitig mit Designschutz bestehen.

[8] LG Nürnberg-Fürth, Urteil v. 28. Oktober 1994, Az. 3 0 3342/93.

8.4 Unternehmenspersönlichkeitsrecht

Auch wenn weder für ein abgebildetes Produkt Markenschutz und/oder Designschutz in Anspruch genommen werden kann, können Produktabbildungen durch einen schädigenden Veröffentlichungszusammenhang das sogenannte Unternehmenspersönlichkeitsrecht verletzen. Wie natürliche Personen, nur partieller, können auch Unternehmen einen „Ehrenschutz" für sich in Anspruch nehmen.

Fotoveröffentlichungen von Produkten eines Unternehmens können aufgrund ihres Veröffentlichungszusammenhanges, z. B. bei einer Berichterstattung über bestimmte Produktgefahren, einen sogenannten Eingriff in den eingerichteten und ausgeübten Gewerbebetrieb darstellen. Neben dem Unterlassungsanspruch bei einem Eingriff in den Gewerbebetrieb kann das Unternehmen Schadensersatzansprüche, z. B. bei Auftragsstornierungen, geltend machen.

Beispiel zur Verletzung des Unternehmenspersönlichkeitsrechtes durch Produktabbildungen

Eine technische Universität veröffentlicht eine Forschungsarbeit über die Atmungsfähigkeit der Stoffe von Rettungsinseln für Schiffbrüchige. Im Ergebnis stellt sich heraus, dass vier von fünf der untersuchten Stoffe nicht ausreichend Sauerstoff in den Innenraum hineinlassen und Schiffbrüchige in den Rettungsinseln ersticken könnten. Die Universität hat Fotos von Stofffasern und Laboruntersuchungen zur Illustration dem Text beigestellt. Unter anderem auch ein Foto einer vollständigen Rettungsinsel in einem Versuchsbassin. Vorsorglich wurde zuvor das gut sichtbare Logo des Herstellers der Insel mit Photoshop entfernt. Die Bildunterschrift lautete: „Vier von fünf der Fabrikate erwiesen sich in der Sauerstoffzufuhr als unzureichend." Auf weitere Erklärungen zum Foto wurde verzichtet. Die Forschungsarbeit wurde von der Pressestelle der Universität in sozialen Netzwerken vorgestellt und mit einem Link zum Abruf der Arbeit versehen. Eine norddeutsche Tageszeitung veröffentlichte das Foto aus der Forschungsarbeit mit der Überschrift „Todesfalle Rettungsinsel".

Die gezeigte Insel war nachweislich mit einem ausreichend atmungsaktiven Stoff und Luftdurchlässen versehen. Der Hersteller H verlangt von der Zeitung eine Gegendarstellung und Unterlassung weiterer Veröffentlichungen, die das Produkt aufgrund technischer Fehler als gefährlich erscheinen lassen. Gleichzeitig verlangt H, dass die Universität den Forschungsbericht in der bestehenden Form nicht weiterverbreitet. Das Foto mit der Bildunterschrift im Forschungsbericht würde den Leser im

Unklaren über die Qualität des Produktes lassen und damit potentielle Kunden abschrecken. Diese Gefahr sei gegeben, weil durch die Abbildung der Insel für Fachleute erkennbar sei, dass es sich um ein Fabrikat des Herstellers H handle.

An dem Beispiel wird erkennbar, dass auch ganz ohne Marken und geschützte Designs im Bild Unternehmensrechte verletzt werden können.

Ihr Transfer in die Praxis

Auch wenn die Abbildungen von Marken und Produkten im Bereich der Lehre, Wissenschaft, Forschung und Kultur in den meisten Fällen unproblematisch sind, sollte der individuelle Veröffentlichungskontext der Abbildungen geprüft werden. Insbesondere in Bildunterschriften können Autorinnen und Autoren schnell einer Marke „zu nahe treten" oder bei Produktfotos einen verzerrenden Eindruck bezüglich des gezeigten Produktes erzeugen.

Literatur

Steinhau, Henry (13.12.2019): Die Verwendung von Marken in (freien) Bildungsmedien, iRights Info, https://irights.info/artikel/die-verwendung-von-marken-in-freien-bildungsmedien/29856. Zugegriffen: 30.06.2022

MIX
Papier aus verantwortungsvollen Quellen
Paper from responsible sources
FSC® C105338

FSC
www.fsc.org

If you have any concerns about our products,
you can contact us on
ProductSafety@springernature.com

In case Publisher is established outside the EU,
the EU authorized representative is:
Springer Nature Customer Service Center GmbH
Europaplatz 3, 69115 Heidelberg, Germany

Printed by Libri Plureos GmbH
in Hamburg, Germany